TOBIAS TEICHEN

ROOTS / GROUP EXPERIENCE

SCM

Stiftung Christliche Medien

SCM R.Brockhaus ist ein Imprint der SCM Verlagsgruppe,
die zur Stiftung Christliche Medien gehört, einer gemeinnützigen
Stiftung, die sich für die Förderung und Verbreitung christlicher
Bücher, Zeitschriften, Filme und Musik einsetzt.

Max-Eyth-Str. 41 · 71088 Holzgerlingen
Internet: www.scm-brockhaus.de; E-Mail: info@scm-brockhaus.de

Gesamtgestaltung: Katie Schneider, Lagom
Autorenfoto: © ICF Münschen e.V.
Druck und Bindung: Finidr s.r.o.
Gedruckt in Tschechien
ISBN 978-3-417-00041-2
Bestell-Nr. 227.000.041

INHALT

EINLEITUNG 4

WAS MIR WICHTIG GEWORDEN IST 6

ROOTS EXPERIENCE – ZEIT ZUM VERTIEFEN 8

Kapitel 1 / Sein Wesen – Guter oder böser Gott? 8
Kapitel 2 / Gottes Freund Abraham – Ein grundlegender Bund 18
Kapitel 3 / Schutz oder Schikane? – Ein herausfordernder Bund 32
Kapitel 4 / Die Rettung – Ein Bund, der dich versorgt 42
Kapitel 5 / Welcome back – Ein Bund, der Orientierung gibt 52
Kapitel 6 / Abraham, Mose, Jesus – Alle waren Juden! 62
Kapitel 7 / Das heilige Israel – Bedeutung für dein & mein Leben 74
Kapitel 8 / Juden & Christen – Geschwister mit Zukunft? 84
Kapitel 9 / Ein immergrüner Baum – Sei ein Segen für andere! 94

GRUPPENZEIT – EURE ABENDGESTALTUNG 102

Kick-off-Treffen 103
Treffen 1 / Sein Wesen – Guter oder böser Gott? 107
Treffen 2 / Gottes Freund Abraham – Ein grundlegender Bund 108
Treffen 3 / Schutz oder Schikane? – Ein herausfordernder Bund 110
Treffen 4 / Die Rettung – Ein Bund, der dich versorgt 111
Treffen 5 / Welcome back – Ein Bund, der Orientierung gibt 115
Treffen 6 / Abraham, Mose, Jesus – Alle waren Juden! 116
Treffen 7 / Das heilige Israel – Bedeutung für dein & mein Leben 120
Treffen 8 / Juden & Christen – Geschwister mit Zukunft? 121
Treffen 9 / Ein immergrüner Baum – Sei ein Segen für andere! 124
Treffen 10 / Passah-Fest 126

WRAP IT UP 127

EINLEITUNG

DAS WICHTIGSTE ZUERST

Das Booklet, das du hier vor dir hast, soll dich nicht stressen – es soll dir dienen. Frei nach dem Motto »Alles ist möglich, aber nichts muss!« entscheidest du selbst, wie tief du gehen möchtest. Lies die Abschnitte im Buch und besprich jeweils das, was du gelesen hast, mit Gott. Dabei darfst du deinen eigenen Rhythmus wählen (zum Beispiel kannst du täglich oder alle zwei Tage lesen oder auch alles an einem Tag oder am Wochenende ...).

SO GEHT'S

Nach dieser Einleitung findest du zunächst ein Bild mit einem Baum und der Möglichkeit, zu jedem Kapitel das aufzuschreiben, was dir beim Lesen besonders wichtig geworden ist. So hast du am Ende deiner Reise durch dieses Booklet eine Zusammenfassung deiner wichtigsten Learnings aus allen Kapiteln.

Dann beginnt die »Roots Experience – Zeit zum Vertiefen«. Darin gibt es neun Kapitel, die jeweils einem Kapitel des Buches entsprechen. Für jedes Kapitel ist eine Woche angesetzt. Die Roots Group Experience ist also auf neun Wochen angelegt, ihr könnt als Gruppe aber natürlich auch einen kürzeren oder längeren Zeitraum wählen.

Am Anfang jedes Kapitels findest du immer eine Wochenübersicht. Hier kannst du sehen, wie das Buchkapitel, das du lesen wirst, in einzelne Sessions aufgeteilt ist. Außerdem bekommst du durch die Namen der Sessions ein gutes Gefühl dafür, worum es geht. Die Woche startet dann jeweils mit einer Standortbestimmung. Mit dieser kannst du ganz in Ruhe und gemeinsam mit Gott den Status quo ermitteln: Finde heraus, wie es deinem Herzen in Bezug auf das jeweilige Thema gerade geht. Nach der Standortbestimmung kommen die drei Sessions, in denen du das Buchkapitel durcharbeitest. Anschließend kannst du als vierte Session beim Encounter mithilfe der Bibel noch tiefer in das Thema der Woche eintauchen. Der Fokus liegt hier auf deiner persönlichen Zeit mit Gott. Die Woche schließt dann mit einer kleinen Wochenreflexion, mit deren Hilfe du beobachten kannst, was Gott in deinem Herzen bewegt, und die dich darauf vorbereitet, dich mit deiner Kleingruppe darüber auszutauschen.

Im Anschluss findest du im Teil »Gruppenzeit – Eure Abendgestaltung« Gestaltungsmöglichkeiten für eure Gruppentreffen. Es gibt zwei verschiedene Arten von Treffen, die sich abwechseln. Der Kick-off und die Treffen 2, 4, 6 und 8 sind auf 60 bis 120 Minuten angesetzt. Für die Treffen 1, 3, 5, 7 und 9 sind hingegen nur bis zu 60 Minuten geplant. Diese kleineren Treffen könnt ihr auch aussetzen, wenn ihr euch als Kleingruppe nur in einem Zwei-Wochen-Rhythmus trefft. Die Zeitangaben für die einzelnen Elemente des Treffens sind als Richtwert gedacht. Sie sollen dich nicht einschränken, sondern dir eine Idee für die Aufteilung des Gruppentreffens geben. Du kannst einzelne Elemente natürlich kürzen, verlängern oder weglassen.

HINWEISE ZU DEINER KLEINGRUPPENZEIT

Bei einem Buch wie Roots, das so tief geht und viele wunde Punkte aufdecken kann, ist es gut, nicht allein zu sein. Auch wenn du den ersten Teil theoretisch allein für dich durchgehen könntest, bietet der Austausch in der Gruppe viele Vorteile. Zum Beispiel werden Themen automatisch aus verschiedenen Blickwinkeln angegangen, Fragen können gemeinsam leichter geklärt werden und man kann sich bei Schwierigkeiten gegenseitig helfen.

Über die normalen Kleingruppentreffen hinaus empfiehlt es sich, Get-Free-Partnerschaften innerhalb der Gruppe zu bilden. Mit deinem Get-Free-Partner kannst du dich in der Zeit zwischen den Gruppentreffen intensiv austauschen. Ihr könnt für- und miteinander beten, eventuelle Stolpersteine aus dem Weg räumen und Erfolge gemeinsam feiern.

GET FREE – WAS IST DAS EIGENTLICH?

In einigen Kapiteln findest das Icon Get Free. Dabei geht es um die geistlichen Prinzipien der Bibel, wie zum Beispiel Vergebung, Buße und den Tausch am Kreuz. Jesus verspricht uns, dass er mit seiner Freiheit in unser Leben kommt, wenn wir diese Prinzipien anwenden. Jedes Mal, wenn du also im ersten Teil auf das Wort oder die Überschrift Get Free stößt, ist das einfach eine Möglichkeit für dich, die Freiheit und das Gute anzunehmen, das Jesus für dich bereithält.

WAS MIR WICHTIG GEWORDEN IST

Hier kannst du zu jedem Kapitel das festhalten, was du dir merken möchtest.

9 / BIS IN DIE BLATTSPITZEN

3 / MOSE = RINDE

2 / ABRAHAM = KERNHOLZ

1 / GOTT = WASSER

5 / DAVID = SONNENLICHT

8 / JUDEN + CHRISTEN = ZWEIGE

7 / ISRAEL = JAHRESRING

6 / JUDEN = STAMM

4 / JESUS = SPINTHOLZ

Kapitel 1

SEIN WESEN – GUTER ODER BÖSER GOTT?

Stell dir vor, du würdest einem Freund oder einer Freundin von Gott erzählen und er oder sie fragt nach: »Und wie ist der so drauf?«

Was würdest du antworten? Denn Gott ist unglaublich vielseitig. Er ist die Liebe selbst, aber auch der gerechte Richter. Mit einem Fingerschnipsen könnte er die Welt pink einfärben (wenn er es wollte), aber er möchte dir auch ganz persönlich begegnen. Also: Wie ist Gott jetzt? Der Frage gehen wir diese Woche auf den Grund, indem wir gemeinsam Gottes Wesen entdecken.

Lies die Abschnitte im Buch und besprich das, was du gelesen hast, mit Gott. Dazu sollen dir die Fragen und Anregungen in den einzelnen Sessions dienen. Zusätzlich hast du die Möglichkeit, mit der Encounter-Session noch weiter in das Thema einzutauchen. Teile dir die Sessions so auf, wie es für dich gut in deinen Alltag passt (zum Beispiel eine täglich oder alle an einem oder zwei Tagen).

Session	Thema	Seiten
	Standortbestimmung	
1	Read: Die Sache mit dem Gottesbild	18-26
2	Read: Ein Gott in der ganzen Bibel?	26-34
3	Read: Zeig mir deine Freunde ...	34-39
4	Encounter: Gott ganz persönlich	
	Wochenreflexion	

STANDORTBESTIMMUNG

Welche Vorstellung hast du von Gott? Gott bezeichnet sich an vielen Stellen in der Bibel als »Vater«. Welche Gedanken und Gefühle kommen in dir hoch, wenn du dir Gott als »Vater« vorstellst? Möchtest du diesen Gott heute näher kennenlernen? Geh mit dem Heiligen Geist ins Gespräch darüber und schau dir gemeinsam mit ihm folgende Fragen an:

- Wer und wie ist Gott für dich?
- Wer und was hat dein Gottesbild geprägt?
- Welche Seite an Gott willst du diese Woche zum ersten Mal oder ganz neu entdecken?

Egal, was dich gerade bewegt, richte deinen Blick jetzt auf den Heiligen Geist. Frag ihn, was er diese Woche mit dir vorhat. Halte diese Perspektive hier fest:

SESSION 1: DIE SACHE MIT DEM GOTTESBILD

LESEN

Selbst die Jünger Jesu hatten keine genaue Vorstellung von Gott als »Vater«, obwohl sie den ersten Teil der Bibel und damit diese Bezeichnung für Gott kannten. Lass uns daher wie Philippus mit einem offenen Herz in dieses Kapitel gehen:

> **»Herr, zeig uns den Vater, dann sind wir zufrieden!«**
> Johannes 14,8; NGÜ

Lies jetzt den ersten Abschnitt im Buch (S. 18-26).

- Welche Gedanken und Impulse sind dir beim Lesen gekommen?
- Hast du Gott schon mal in eine »Schublade« gesteckt?
  Wenn ja, was steht drauf?

GEBET

Du darfst jetzt vor Gott kommen und ihn noch tiefer und besser kennenlernen. Um bei ihm anzukommen, kannst du das folgende Gebet nutzen: *»Herr, ich komme vor dich mit dem Wunsch, dich immer besser kennenzulernen. Ich lege alle vorgefassten Meinungen ab, die ich mir über dich* *gemacht habe und die mich daran hindern, dir näher zu kommen und dich als liebenden Vater zu erkennen.*

Ich öffne dir heute mein Herz. Füll du es mit der Wahrheit, dass du ein liebender Vater bist, der es gut mit mir meint und das Beste in mir hervorbringen will. Ich nehme diese Tatsache an, auch wenn ich jetzt noch nicht alles verstehe.«

Bleib mit deinem Herzen in einer Gebetshaltung und sprich einfach weiter mit deinem Gott. Zeigt er dir etwas? Nutze gerne den Platz hier, um Gedanken und Bilder festzuhalten, die in dir aufkommen.

SESSION 2: EIN GOTT IN DER GANZEN BIBEL?

LESEN

In der Bibel ist Gott der, »der immer da ist, der von Anfang an da war und der kommen wird« (Offenbarung 1,4; Hfa). Wie kommt es dann, dass der Gott im ersten Teil der Bibel (Altes Testament) ein eher negatives Image hat im Vergleich zum liebenden Gott im zweiten Teil (Neues Testament)? Hat sich Gott im Laufe der Zeit verändert oder könntest du vielleicht etwas Wesentliches übersehen haben? Mach dich heute auf die Suche danach, wie Gott wirklich ist.

Lies jetzt die Seiten 26 bis 34.

- Was hat dich beim Lesen beschäftigt?
- Durch deinen Glauben trägst du die jüdischen Wurzeln in dir, weil du Teil vom Ölbaum Gottes bist. Was bedeutet das für dich ganz konkret? Erlebst du diese Verwurzelung?

GOTTES WORT

Für das Volk Israel war es zur damaligen Zeit entscheidend, sich von den umliegenden Völkern abzugrenzen, und zwar durch ihr Verhalten. Gottes Gebote waren für sie aber nicht nur eine Ansage von Gott, sondern waren verbunden mit der Zusage, die Gott ihnen immer wieder gab. Hier sind ein paar Beispiele dafür:

> **Euer ganzes Leben lang sollt ihr und eure Nachkommen Ehrfurcht vor dem HERRN, eurem Gott, haben. Befolgt seine Ordnungen und Gebote, die ihr von mir bekommt! Dann werdet ihr lange leben. … Dann wird es euch gut gehen.**
>
> 5. Mose 6,2-3; Hfa

> **Haltet euch an diese Gebote und befolgt sie; dann werden die anderen Völker sehen, wie weise und klug ihr seid. Wenn sie von euren Gesetzen hören, werden sie sagen: Dieses große Volk besitzt Weisheit und Verstand!**
>
> 1. Mose 4,6; Hfa

> **Meint nur nicht, ich sei gekommen, das Gesetz und die Worte der Propheten aufzuheben. Nein, ich will sie nicht aufheben, sondern voll zur Geltung bringen.**
>
> Matthäus 5,17; Hfa

> **Passt euch nicht den Maßstäben dieser Welt an, sondern lasst euch von Gott verändern, damit euer ganzes Denken neu ausgerichtet wird. Nur dann könnt ihr beurteilen, was Gottes Wille ist, was gut und vollkommen ist und was ihm gefällt.**
>
> Römer 12,2; Hfa

- Welche Verheißungen stellt Gott hier in Aussicht? Was bedeutet das für dich ganz persönlich?
- Welche Rolle spielt der Vers von Paulus aus Römer 12,2 in der heutigen Zeit? Wo stoßen Gottes Maßstäbe in deiner Welt auf Widerstand?

SESSION 3: ZEIG MIR DEINE FREUNDE

LESEN

»Zeig mir deine Freunde und ich sage dir, wer du bist.« Steile Aussage und doch so wahr: Der Mensch ist für Beziehung geschaffen. Deshalb schließen wir Freundschaften. Doch echte Freunde tun nicht nur gut, sondern prägen uns auch. Blicke doch mal zurück und überlege, welche Freundschaften dich wie geprägt haben. Waren alle Freundschaften gut? Gibt es Freundschaften, die schon »ewig« andauern, und wenn ja, warum?

Im Buch der Sprüche in der Bibel findest du zahlreiche Aussagen, in denen es auch um Freundschaften geht. Hier eine kleine Auswahl:

> **Ein Freund meint es gut, selbst wenn er dich verletzt; ein Feind aber schmeichelt dir mit übertrieben vielen Küssen.**
>
> Sprüche 27,6; Hfa

> **Duftendes Öl und Weihrauch erfreuen das Herz, genauso wohltuend ist der gute Rat eines Freundes.**
>
> Sprüche 27,9; Hfa

> **Ein junger Mensch, der das Gesetz Gottes beachtet, ist klug, Wer aber mit Verschwendern Umgang pflegt, macht seinen Eltern Schande.**
>
> Sprüche 28,7; Hfa

Lies jetzt die Abschnitte »Zeig mir deine Freunde ...« und »Gelten die Bünde wirklich ewig?« (S. 34–39).

- Welcher Gedanke hat dich besonders angesprochen?
- Was macht deiner Meinung nach eine Freundschaft aus, die ewig hält? Schreibe deine Gedanken auf.

GEBET

Mit diesem göttlichen Bild von Beziehung im Kopf höre jetzt bewusst auf Gott. Erlaube ihm, dir Eindrücke, Bibelverse oder Worte für dich und deine Beziehungen zu schenken.

Schreibe die Gedanken, die dir kommen, auf oder halte die Bilder fest, die du im Gebet erhältst.

SESSION 4 – ENCOUNTER: GOTT GANZ PERSÖNLICH

GOTTES WORT

Die Bibel ist voll mit Beschreibungen davon, wie Gott ist. Komm zur Ruhe und schau dir mit dem Heiligen Geist gemeinsam folgende Bibelstellen an. Er will dir ein ganz neues Bild davon geben, wie und wer er ist.

Jesus Christus ist und bleibt derselbe, gestern, heute und für immer.

Hebräer 13,8; Hfa

Seid still und erkennt, dass ich Gott bin; ich werde erhaben sein unter den Völkern, ich werde erhaben sein auf der Erde! Der HERR der Heerscharen ist mit uns, der Gott Jakobs ist unsere sichere Burg!

Psalm 46,11-12; SLT

Denn ich bin der Herr und ich habe mich nicht geändert. Und ihr, ihr Nachkommen Jakobs, seid noch immer Jakobs Nachkommen.

Maleachi 3,6; NLB

Denn in meinem Vater ist das Leben, und nach seinem Willen hat auch der Sohn dieses Leben in sich.

Johannes 5,26; Hfa

Aber wird Gott tatsächlich auf der Erde wohnen? Der höchste Himmel kann dich nicht fassen – wie viel weniger dieses Haus, das ich errichtet habe!

1. Könige 8,27; NLB

WOCHENREFLEXION

Du bist am Ende deiner Woche angekommen. Schau nun noch mal zurück:

- Was fordert dich an Gottes Charakter immer noch heraus?
- Welche Seite von Gott hast du neu für dich entdeckt?
- Wie wirkt sich das auf eure Beziehung zueinander aus? Siehst du schon erste Veränderungen?

Unter welchen Zuspruch Gottes aus dieser Woche stellst du dich jetzt ganz bewusst?

Kapitel 2

GOTTES FREUND ABRAHAM – EIN GRUNDLEGENDER BUND

„IHM IST EGAL, WOHIN ER GEHEN SOLL ODER WIE LANGE DAS DAUERT. IHM IST NUR WICHTIG, MIT WEM."

»Der Glaube ist der tragende Grund für das, was man hofft: Im Vertrauen zeigt sich jetzt schon, was man noch nicht sieht« (Hebräer 11,1; Hfa). Vertraust du Gott … wirklich? Oder hast du ein »Ja, wenn …« im Herzen? »Ja, wenn Gott mir beweist, dass er wirklich da ist. Wenn er mir die Entscheidung noch mindestens zweimal bestätigt. Wenn er mir genau zeigt, wohin er mich schicken will.« Wenn, wenn, wenn! Doch Glaube ist Vertrauen ohne wenn. Das sehen wir diese Woche bei Abraham, der sich auf Gottes Wege einlässt ohne Wenn und Aber. Ihm ist egal, wohin er gehen soll oder wie lange die Reise dauert. Ihm ist nur wichtig, mit wem.

Lies die Abschnitte im Buch und besprich das, was du gelesen hast, mit Gott. Dazu sollen dir die Fragen und Anregungen in den einzelnen Sessions dienen. Zusätzlich hast du die Möglichkeit, mit der Encounter-Session noch weiter in das Thema einzutauchen. Teile dir die`Sessions so auf, wie es für dich gut in deinen Alltag passt (zum Beispiel eine täglich oder alle an einem oder zwei Tagen).

Session	Thema	Seiten
	Standortbestimmung	
1	Read: Herz oder Kopf	41-50
2	Read: Der stellvertretende Bund	50-55
3	Read: Auf die Probe gestellt	60-75
4	Encounter: Gott ist wahrhaftig gut	
	Wochenreflexion	

Gott glauben und ihm vertrauen – das sind zwei der zentralen Eigenschaften Abrahams. Gott und seinen Zusagen zu vertrauen, hört sich aber leichter an als getan. Was, wenn wir Gott nicht sofort verstehen? Wenn seine Pläne für uns erst mal keinen Sinn ergeben? Dass es sich trotzdem lohnt, an Gott dranzubleiben und den Vertrauenstest zu machen, zeigt sich im Leben von Abraham und vielen anderen Helden aus dem ersten Teil der Bibel. Das Verrückte dabei ist Gottes Weitblick: Er sieht Situationen in einem Kontext, der außerhalb unserer Zeit- und Raumvorstellung liegt. Umso wichtiger ist es, ihm mehr zu vertrauen als dem, was wir im Hier und Jetzt sehen.

Nimm dir kurz Zeit, dir ein paar Fragen ehrlich für dich zu beantworten. Geh davor ins Gebet mit der Gewissheit, dass Gott keine Perfektion von dir erwartet, sondern dich liebevoll voranbringen möchte.

- Wie leicht fällt es dir, Gott in den Lebensbereichen Ressourcen (Zeit und Finanzen), Arbeit, Gesundheit (körperlich und seelisch), Beziehungen und Glaube zu vertrauen?
- Wo hat dein Glaube an Gott in den letzten Monaten gelitten?
- In welchem Bereich würde es dich viel Kraft kosten, ihm neu zu vertrauen?

Egal, was dich gerade bewegt, richte deinen Blick jetzt auf den Heiligen Geist. Frag ihn, was er diese Woche mit dir vorhat. Halte diese Perspektive hier fest:

SESSION 1: HERZ ODER KOPF

LESEN

Vielleicht kennst du diese Situation: Gott schenkt dir einen Eindruck oder einen Gedanken, der all deinen Plänen, deinem Verstand und deinem Wissen widerspricht. In so einer Situation haben wir die Wahl: Hinterfrage ich den Gedanken zuerst oder ist das Erste, was ich tue, einfach gehorsam Gottes Wort nachzugehen?

Lies jetzt die Seiten 41 bis 50 im Buch.

- Welche Situationen fallen dir ein, in denen du schon mal einen Eindruck von Gott bekommen hast? Inwiefern bist du diesem nachgegangen?
- Bist du eher der Herz- oder der Kopf-Mensch? Was glaubst du, woher das kommt?

Ob Herz- oder Kopfmensch – es gibt kein Richtig oder Falsch, denn Gott nutzt sowohl unsere Herzen als auch unseren Verstand. Die Frage ist eher: Bist du von Kopf bis Fuß bereit, dich dem zu stellen, was das Wort Gottes über Gottvertrauen und Glaube sagt?

GOTTES WORT

Die Bibel definiert nur sehr wenige Dinge für uns. Beim Thema »Glaube« haben wir aber Glück, denn da gibt sie uns eine klare Erklärung:

> **Es ist aber der Glaube eine feste Zuversicht auf das, was man hofft, eine Überzeugung von Tatsachen, die man nicht sieht.**
>
> Hebräer 11,1; SLT

Lies dir diesen Vers mehrfach durch. Vielleicht hilft es dir auch, ihn noch einmal in unterschiedlichen Übersetzungen zu lesen.

Schreibe deine Gedanken auf zu:

Eine feste Zuversicht ______________________________

____

____

Was man hofft ______________________________

____

____

Eine Überzeugung von Tatsachen ______________________________

____

____

Die man nicht sieht ______________________________

____

____

Vor allem mit dem »Nicht-Sehen« tun wir Menschen uns oft schwer. Wir sind durch unsere Umwelt geprägt, nur das wahrzunehmen, was wir sehen, hören, riechen und schmecken. Aber Gott sagt, dass Glaube eigentlich genau das Gegenteil bedeutet: Wir zweifeln nicht an etwas, was wir noch nicht sehen, sondern halten im Vertrauen daran fest.

GEBET

Geh mit Jesus ins Gespräch und erlaube ihm, dir zu zeigen, wo du in einem deiner Lebensbereiche (Familie, Job, Gesundheit …) schon einmal Glauben hattest und ihn dann wieder verloren hast, weil deine Realität, das, was du vor deinen Augen gesehen hast, anders war.

Schreibe die Bereiche oder Situationen auf. Sei ehrlich vor Gott – er kennt deine Herausforderungen, deine Umstände, er kennt auch deinen Unglauben.

NEXT STEP

Vielleicht hat Gott dir im Gebet Bereiche gezeigt, in denen du aufgehört hast zu glauben. Möchtest du einen neuen Schritt gehen, um dich in diesen Bereichen neu für das Glauben an Gott zu entscheiden? Dafür kann es helfen, dir die Zusagen, die du schon von Gott bekommen hast, noch einmal durchzulesen oder aufzuschreiben. Was kannst du diese Woche konkret tun, um Gott gegenüber deinen Glauben auszudrücken?

SESSION 2: DER STELLVERTRETENDE BUND

LESEN

In dieser Session schauen wir uns eine seltsame Stelle aus 1. Mose 15 an. Gott geht hier mit Abraham einen Bund ein, aber Abraham nicht mit Gott. Du kannst dir das ungefähr so vorstellen: Du stehst mit deinem oder deiner Liebsten vor dem Standesamt und dein Gegenüber unterschreibt. Dann wärst du eigentlich dran mit Unterschreiben, aber dein Gegenüber nimmt dir den Zettel aus der Hand und setzt noch mal seine Unterschrift drunter, allerdings dieses Mal an deiner Stelle. Denn er weiß schon, dass du den Bund brechen wirst – also garantiert er einfach für euch beide. Und genau das macht Gott im Bund mit Abraham und auch am Kreuz durch Jesus.

In deinem Buch kannst du jetzt die Seiten 50 bis 55 lesen.

- Wie leicht fällt dir diese Vorstellung, dass Gott einen Bund mit dir eingeht, ohne eine Gegenleistung von dir zu verlangen?
- Was löst es in dir aus, dass du als Mensch so fehlerhaft bist und durch dein eigenes Tun Gott nicht gefallen kannst?

Autsch! Das kratzt ganz schön an unserem Stolz. Wir wollen so gerne auch unterschreiben, Gott Dinge versprechen, ihm zeigen, dass wir es schon schaffen, wenn wir uns nur anstrengen. Aber unser Leistungsgedanke steht im Gegensatz zu Gottes Gnade. Beides zusammen geht nicht.

GEBET

Gottes Bund mit Abraham gilt auch für dich. Das Kreuz – es ist genug. Hast du Gott für seinen Bund mit dir schon einmal gedankt und ihm gesagt, dass du »dabei« bist?

GET FREE

Geh nun mit Jesus ins Gespräch und sammle Bereiche und/oder Situationen aus deinem Leben, bei denen du merkst, dass du immer noch versuchst, Gott mit Leistung zu beeindrucken. Du kannst sie unten notieren. Vielleicht haben sich auch religiöse Verhaltensweisen eingeschlichen – wenn du die Bibel zum Beispiel mit dem Hintergedanken liest, dass Gott dann stolz auf dich ist oder dich mehr liebt.

Egal, welche Verhaltensmuster oder Gedanken es sind – jedes Mal, wenn wir glauben, wir müssten etwas aus eigener Kraft zu Gottes Bund mit Abraham und uns hinzufügen, ist unser Herz voller Stolz und sagt quasi: »Gott, ist ja ganz nett, was du da machst, aber das reicht nicht. Das, was Jesus am Kreuz getan hat, reicht nicht. Ich muss noch dies oder jenes dazutun.« Diesen Stolz kannst du an Jesu Kreuz bringen. Auch dafür ist er gestorben. Du darfst dir ein neues Herz voller Demut abholen.

Wenn du möchtest, kannst du zum Abschluss noch beten: »Jesus, ich nehme das Kreuz und deinen Bund mit mir ganz neu und bewusst an. Dein Werk am Kreuz reicht. Es ist genug für mich. Du hast es vollbracht. Es gibt nichts, was ich hinzutun könnte.«

NEXT STEP

Welche Routinen oder Verhaltensweisen möchtest du weglassen oder neu einstudieren, um dir Gottes Gnade ganz neu bewusst zu machen?

Tipp: Dabei kann es helfen, dir in der Wohnung oder am Arbeitsplatz Erinnerungen zu schaffen, die dich an die Gnade Gottes und seinen Bund mit dir erinnern.

SESSION 3: AUF DIE PROBE GESTELLT

LESEN

Nachdem Abraham im Bund mit Gott steht, kommt eine unglaubliche Geschichte, die wir ohne die »3D-Jesus-Brille« vermutlich für eine Szene aus einem Hollywood-Streifen halten würden. Lies jetzt die Seiten 60 bis 75.

- Was löst die Geschichte von Abraham und seinem Sohn Isaak in dir aus?
- Was war für dich bisher die größte Vertrauensprobe, auf die Gott dich gestellt hat?

Mit der 3D-Jesus-Brille dürfen wir erkennen, wie die Probe von Abraham auf Jesus und seinen Tod am Kreuz hinweist. In beiden Fällen haben wir Väter, Söhne und einen Auftrag, nämlich den Tod der Söhne. Der gewaltige Unterschied dabei ist: Isaaks Tod war nie Gottes Ziel, es war ein Vertrauenstest für Abraham. Aber Jesus stirbt im Gegensatz zu Isaak tatsächlich und geht für uns in den Tod, durch ihn hindurch. Und er steht wieder auf zu neuem Leben, in das er auch uns hineinruft.

GEBET

Hast du dich schon einmal gefragt, wie es Gott dabei gegangen ist, Jesus, seinen einzigen Sohn, auf die Erde zu schicken mit dem Ziel, dass er für uns stirbt? Vielleicht bist du selbst schon Mama oder Papa – wie muss es wohl sein, sein einziges Kind ans Kreuz zu führen?

Frag doch einmal Gott im Gebet, wie es ihm ging, als Jesus am Kreuz hing und für die Sünde der Welt starb. Wie hat er Jesus dabei gesehen und was hat er in diesem Moment über dich gedacht?

GET FREE

Gab es schon mal eine Probe, auf die Gott dich gestellt hat, die aber nicht so bilderbuchmäßig ablief wie bei Abraham? Vielleicht hast du zwischendrin aufgegeben, bist umgekehrt. Vielleicht hast du Gott nicht verstanden. Wo war er? Warum diese Probe?

Gott liebt es, wenn wir ehrlich vor ihm werden. Er kann mit unseren Fragen und unseren Zweifeln umgehen. Er verträgt Konflikte. Deshalb hast du jetzt die Möglichkeit, Jesus all dies neu an sein Kreuz zu legen und dir von ihm neuen Glauben, neue Zuversicht und neues Vertrauen abzuholen.

SESSION 4 – ENCOUNTER: GOTT IST WAHRHAFTIG GUT

In den Stürmen und Proben unseres Lebens gibt es eine ganz entscheidende Frage, die uns Gott entweder vertrauen lässt oder nicht: Glaube ich, dass Gott durch und durch gut ist?

»Aber wie kann Gott gut sein, wenn …?« »Was war damals, als …?« Vielleicht kennst du diese Fragen. Dass jemand durch und durch gute Absichten für uns hat und unser Bestes sucht, ohne schlechte oder eigennützige Gedanken, ist für uns Menschen schwer zu begreifen. Einfach, weil wir das von uns selbst nicht kennen. Jesus hat uns nie versprochen, dass unser Leben keine Herausforderungen haben wird. Aber in allem hat er uns versprochen, dass er uns liebt und dass er, auch wenn wir es manchmal nicht sehen, unser Bestes sucht.

GOTTES WORT

Als Starthilfe für dein Gespräch mit Gott kannst du gerne die Bibelstellen nutzen oder auch einfach so mit ihm reden. Ganz wie du möchtest!

> **Ihr seht also, dass es unmöglich ist, ohne Glauben Gott zu gefallen. Wer zu ihm kommen möchte, muss glauben, dass Gott existiert und dass er die, die ihn aufrichtig suchen, belohnt.**
>
> Hebräer 11,6; NLB

> **Die Liebe ist geduldig und freundlich. Sie ist nicht neidisch oder überheblich, stolz oder anstößig. Die Liebe ist nicht selbstsüchtig. Sie lässt sich nicht reizen, und wenn man ihr Böses tut, trägt sie es nicht nach. Sie freut sich niemals über Ungerechtigkeit, sondern sie freut sich immer an der Wahrheit. Die Liebe erträgt alles, verliert nie den Glauben, bewahrt stets die Hoffnung und bleibt bestehen, was auch geschieht.**
>
> 1. Korinther 13,4-7; NLB

**Wer auf den Herrn vertraut, erleidet zwar vieles,
doch der Herr errettet ihn aus aller Not.**

Psalm 34,20; NLB

Wirkliche Liebe ist frei von Angst. Ja, wenn Gottes vollkommene Liebe uns erfüllt, vertreibt sie sogar die Angst. Wer sich also fürchtet und vor der Strafe zittert, bei dem ist Gottes Liebe noch nicht zum Ziel gekommen.

1. Johannes 4,18; Hfa

So erkennt doch: Der HERR, euer Gott, ist der wahre und treue Gott! Über Tausende von Generationen steht er zu seinem Bund und erweist allen seine Güte, die ihn lieben und sich an seine Gebote halten.

5. Mose 7,9; Hfa

Überlass alle deine Sorgen dem HERRN! Er wird dich wieder aufrichten; niemals lässt er den scheitern, der treu zu ihm steht.

Psalm 55,23; Hfa

WOCHENREFLEXION

Du bist am Ende deiner Woche angekommen. Schau noch mal zurück:

- In welchem Bereich fällt es dir noch schwer, Gott zu vertrauen?
- Was hast du Neues gelernt darüber, wie Gott sich die Beziehung mit dir vorstellt?
- Welche konkreten Schritte willst du gehen, um noch tiefer in die Beziehung einzusteigen, die Gott für dich bereithält? Oder wenn du schon losgegangen bist: Wie war der erste Schritt?

Unter welchen Zuspruch Gottes aus dieser Woche möchtest du dich jetzt ganz bewusst stellen?

Kapitel 3

SCHUTZ ODER SCHIKANE? – EIN HERAUSFORDERNDER BUND

Hast du erkannt, dass Gottes Gebote für dich gemacht sind? Du kannst dich diese Woche entscheiden, seinen Geboten neu zu vertrauen, um ein Stück mehr in der Fülle zu leben, die Gott für dich vorbereitet hat.

Lies die Abschnitte im Buch und besprich das, was du gelesen hast, mit Gott. Dazu sollen dir die Fragen und Anregungen in den einzelnen Sessions dienen. Zusätzlich hast du die Möglichkeit, mit der Encounter-Session noch weiter in das Thema einzutauchen. Teile dir die Sessions so auf, wie es für dich gut in deinen Alltag passt (zum Beispiel eine täglich oder alle an einem oder zwei Tagen).

Session	Thema	Seiten
	Standortbestimmung	
1	Read: Der Vertrag	82-87
2	Read: Am Rande der Spielwiese	87-92
3	Read: Du hast die Wahl	92-101
4	Encounter: Gottesbegegnung	
	Wochenreflexion	

STANDORTBESTIMMUNG

Unser ganzes Leben ist umgeben von Geboten, ob im Verkehr, der Hausordnung, dem Grundgesetz und auch in der Bibel. Gewöhnlich sind diese Regeln gründlich durchdacht, allerdings fällt es uns häufig schwer, Regeln zu befolgen, deren Sinn wir nicht verstehen. Doch wie geht es dir mit den Regeln, die Gott sich für dich ausgedacht hat?

Geh mit dem Heiligen Geist ins Gespräch darüber und schau dir gemeinsam mit ihm folgende Fragen an:

- Was verbindest du mit dem Wort »Regel« oder »Gebot«?
- Wie stellst du dir Gott als Vertragspartner vor?
- Erinnerst du dich an eine Situation, in der Gott etwas von dir wollte, was du nicht verstanden hast oder was dir gar nicht gefallen hat? Wie ist das ausgegangen?

Egal, was dich gerade bewegt, richte deinen Blick jetzt auf den Heiligen Geist. Frag ihn, was er diese Woche mit dir vorhat. Halte diese Perspektive hier fest:

SESSION 1: DER VERTRAG

LESEN

In der Bibel schließt Gott mehrmals Verträge mit Menschen. Es geht darum, dass wir verstehen, dass hinter den Geboten ein heiliger und gnädiger Gott als Vertragspartner steht.

Der erste Abschnitt der Woche handelt davon, wie so ein Bund zwischen Menschen entsteht und welche Teile dazugehören. In einem Bund beschreibt Gott immer auch sein Wesen und erklärt, was er sich von den Menschen als Vertragspartner wünscht.

Lies jetzt den Abschnitt auf den Seiten 82 bis 87.

- Was hat Gott dir gezeigt?
- Hast du Schwierigkeiten, den liebevollen Vater und den Ehrfurcht gebietenden Gott in den Geboten zu erkennen? Wenn ja, warum?

GEBET

Ehrfurcht vor Gott zu haben, bedeutet unter anderem, ihn ernst zu nehmen, zu respektieren und über ihn zu staunen. Du kannst folgendes Gebet benutzen, um dich bewusst in Ehrfurcht vor Gott auf ihn auszurichten:

»Gott, zeige mir, wie mächtig du bist. Bitte öffne meine Augen für die Dinge, die mich zum Staunen über dich bringen.

Ich entscheide mich, dich ernst zu nehmen, auch wenn ich dich nicht immer verstehe. Ich erkenne an, dass du viel größer bist als ich. Und ich lade dich ein, Heiliger Geist, mir in dieser Woche zu zeigen, wo ich deine Gebote verdrängt oder vergessen habe.

Danke, dass du einen Bund mit mir geschlossen hast, damit ich lebe! Und danke, dass du mir den Weg zeigen wirst, den ich gehen soll!«

(angelehnt an Psalm 25,12; Hfa)

Wenn dir während oder nach dem Gebet noch etwas (Gedanken, Bilder, Bibelstellen ...) in den Sinn kommt, halte dies gerne hier fest.

SESSION 2: AM RANDE DER SPIELWIESE

LESEN

Eigentlich wissen wir, dass Gott es in seinem Bund gut mit uns meint. Trotzdem fällt es häufig schwer, einige Gebote zu befolgen. Woran liegt das deiner Meinung nach und wie kann sich das ändern?

Für die meisten Menschen ist es wichtig, dass »Warum« hinter den Geboten zu verstehen. Gott möchte uns mit seinen Geboten nicht einfach einengen, sondern möchte uns beschützen, damit wir aufblühen.

Lies jetzt den nächsten Abschnitt auf den Seiten 87 bis 92.

- Was ist dir beim Lesen wichtig geworden?
- Wo bist du »am Rande der Spielwiese«? Wo reizt du die Grenzen aus, vielleicht weil du den Sinn eines Gebotes noch nicht ganz verstanden hast?

GOTTES WORT

Erst wenn man den Sinn eines Gesetzes wirklich erkannt hat, kann man nachvollziehen, wie viel Gutes darin steckt. Um nicht nur am Rand der Spielwiese zu stehen, sondern sie wirklich voll auszunutzen (und damit wirklich in das Gute einzutauchen), lohnt es sich, selber zu forschen. Außerdem finden wir in der Bibel oft die Diagnosen für unsere geistlichen »Geschwüre«. Denn sie helfen uns zu erkennen, wo wir seelisch und geistlich krank sind, damit wir heilen und wieder aufblühen können. Lass dich jetzt bewusst darauf ein, dass sich Gott wie ein Arzt dein Herz anschaut:

Bewahre meine Gebote, so wirst du leben, und bewahre meine Lehre wie deinen Augapfel.

Sprüche 7,2; SLT

Denn wer ihr nur zuhört und nicht danach handelt, ist wie ein Mensch, der sich im Spiegel betrachtet. Er sieht sich, geht weg und vergisst, wie er aussieht. Wer aber ständig auf das vollkommene Gesetz Gottes achtet – das Gesetz, das uns frei macht – und befolgt, was es sagt, und nicht vergisst, was er gehört hat, der ist glücklich dran.

Jakobus 1,23-25; NLB

Was aber soll dann überhaupt das Gesetz? Gott hat es zusätzlich gegeben, damit wir das Ausmaß unserer Sünden erkennen.

Galater 3,19a; Hfa

- Was denkst du, wird in diesen Stellen über Gott ausgesagt?
- Kannst du glauben, dass Gott dich durch seine Gesetze eigentlich frei machen möchte? Was fordert dich noch heraus?

SESSION 3: DU HAST DIE WAHL

LESEN

In unserer Welt hat alles, was passiert, eine Konsequenz. Dieses Prinzip zeigt sich auch in Gottes Gesetzen. Und Jesus hat es nicht über den Haufen geworfen, sondern hat die Gesetze des Alten Testaments bekräftigt und erfüllt.

Gott wünscht sich nicht einfach eine Marionette in seinem Bund, sondern einen mündigen Vertragspartner! Er überlässt dir die Entscheidung, ob du das Leben in Freiheit durch seine Gebote wirklich möchtest.

Lies jetzt den nächsten Abschnitt auf den Seiten 92 bis 101.

- Was hat Gott dir gezeigt?
- Erinnerst du dich an eine Situation, in der du auch mal als »Amazing-Grace-Christ« gelebt hast und dich für den Fluch entschieden hast?

GET FREE

Auch wenn Gott das Beste für dich möchte, lässt er dir die Wahl zwischen Segen oder Fluch. Seine Gebote sind Angebote, die du annehmen kannst, damit dein Leben gelingt. Du kannst also mitentscheiden, ob du Dinge tust, die dich innerlich frei machen oder dich seelisch gefangen nehmen. Übrigens gibt es nie ein »zu spät«.

- In welchem Bereich vertraust du Gott nicht, obwohl du sein Gebot verstanden hast? Glaubst du, dass Gott dir durch seine Gebote etwas Gutes wegnehmen würde?
- Wo bist du enttäuscht oder sogar bitter, dass Gottes Gesetze dir scheinbar nicht zum Besten gedient haben?
- Gibt es eine Fehlentscheidung, die du zu Jesus ans Kreuz bringen möchtest, um stattdessen Gottes Vergebung und Segen anzunehmen?

Leg nun alles am Kreuz ab. Nimm dir Zeit, um alles zu bekennen und einzutauschen, was der Heilige Geist aufgedeckt hat.

Schreibe dir eine Situation auf, wo Jesus dich durch ein Gebot in die Freiheit geführt hat.

SESSION 4 – ENCOUNTER: GOTTESBEGEGNUNG

Ehrfurcht vor Gott zu haben, heißt zum Beispiel, ihn zu respektieren, über ihn zu staunen, ihn wichtiger als sich selbst zu nehmen. Stell dir vor, du sitzt mit Jesus zusammen auf dem Sofa. Wenn du diese Ehrfurcht vor Gott als mächtigem Bundespartner noch nicht ganz empfinden kannst, dann frag Jesus einfach mal: »Wie willst du mich zum Staunen bringen? Welche Dinge möchtest du mir zeigen, damit ich deine Größe erkennen kann?«

GOTTES WORT

Und er wird sein Wohlgefallen haben an der Furcht des Herrn.

Jesaja 11,3; SLT

Die Gnade des Herrn aber gilt bis in alle Ewigkeit allen, die ihm gehorsam sind. Seine Gerechtigkeit reicht bis zu den Kindern seiner Kinder, die seinem Bund treu sind und seinen Geboten gehorchen!

Psalm 103,17-18; NLB

Ich will einen Bund mit ihnen schließen, der für alle Zeiten gilt. Mein Wort will ich ihnen geben, dass ich mich nie wieder von ihnen abwenden werde, sondern ihnen immer Gutes tun will. Ich will in ihnen den Wunsch wecken, mich anzubeten und zu fürchten, sodass sie nie wieder von mir weglaufen. Ich werde Freude daran haben, ihnen Gutes zu tun und werde sie voller Treue wieder in dieses Land einpflanzen – mit meinem ganzen Herzen und mit meiner ganzen Seele.

Jeremia 32,40-41; NLB

Was aber soll dann überhaupt das Gesetz? Gott hat es zusätzlich gegeben, damit wir das Ausmaß unserer Sünden erkennen.

Galater 3,19; Hfa

WOCHENREFLEXION

Du bist am Ende deiner Woche angekommen. Schau noch mal zurück: Diese Woche hat Gott dir gezeigt, dass seine Gebote für dich und nicht gegen dich sind. Vielleicht hast du ein Stück Freiheit gewonnen, sodass du die Achterbahn nicht nur vorsichtig vom Zaun aus beobachtest, sondern den ganzen Abenteuerpark in vollen Zügen genießen kannst.

- Wo hast du noch Schwierigkeiten, mit Gottes Geboten etwas Gutes zu verbinden?
- Wo hast du Gottes Gesetzen neu vertrauen können und welches Spiel mit dem Feuer hast du aufgehört?
- Was hast du in der vergangenen Woche für Veränderungen erlebt?

Unter welchen Zuspruch Gottes aus dieser Woche stellst du dich jetzt ganz bewusst?

Kapitel 4

DIE RETTUNG – EIN BUND, DER DICH VERSORGT

Was wäre, wenn plötzlich alles für dich Sinn ergibt – oder, sagen wir mal, zumindest das Big Picture? Tauche in dieser Woche in die Zusammenhänge der Bibel ein und wie durch Jesus ein neues Gleichgewicht möglich ist.

Lies die Abschnitte im Buch und besprich das, was du gelesen hast, mit Gott. Dazu sollen dir die Fragen und Anregungen in den einzelnen Sessions dienen. Zusätzlich hast du die Möglichkeit, mit der Encounter-Session noch weiter in das Thema einzutauchen. Teile dir die Sessions so auf, wie es für dich gut in deinen Alltag passt (zum Beispiel eine täglich oder alle an einem oder zwei Tagen).

Session	Thema	Seiten
	Standortbestimmung	
1	Read: Die drei großen Bünde der Bibel	108-113
2	Read: Jesus steckt einfach überall in der Bibel	113-119
3	Read: Wie beeinflusst der Bund mit Jesus dein Leben?	119-129
4	Encounter: Hinweise auf Jesus im Alten Testament	
	Wochenreflexion	

STANDORTBESTIMMUNG

Der Jesus-Bund ist kein spontaner Back-up-Rettungsplan von Gott, nachdem alles andere erfolglos war. Hol dir jetzt eine neue Vision darüber ab, was Jesu Tod am Kreuz wirklich für dein Leben bedeutet und wie Gott dich dabei sieht.

Geh zunächst mit dem Heiligen Geist ins Gespräch und schau dir gemeinsam mit ihm folgende Fragen an:

- Was bedeutet Jesu Tod am Kreuz für dich aktuell?
- Welche Fragen bleiben für dich als Christ/in im Hinblick auf den Gesamtkontext der Bibel offen?
- Wie relevant war bisher für dich das Alte Testament?

Egal, was dich gerade bewegt, richte deinen Blick jetzt auf den Heiligen Geist. Frag ihn, was er diese Woche mit dir vorhat.

SESSION 1: DIE DREI GROẞEN BÜNDE DER BIBEL

LESEN

Bist du bereit, deine bisherige Sichtweise auf den Kopf stellen zu lassen? Lass dir vom Heiligen Geist eine neue Sicht auf die drei Bünde schenken.

Lies jetzt die Seiten 108 bis 113.

- Was hat Gott dir gezeigt?
- Wo hing dein Mobile bisher schief?
- Was war dein großer Aha-Moment?

GET FREE

Komm bei Gott zur Ruhe und lass dich auf seinen liebevollen Blick ein. Er will mit dir einmal genau hinschauen und dir zeigen, wo du deine Sichtweise updaten darfst. Die nächsten Fragen können dir dabei helfen.

- Welche Lügen hast du bisher über Gottes Plan geglaubt?
- Welchen Bund kannst du neu für dich annehmen?
- Wo darfst du dich mit Gott und der Welt versöhnen?

Lege alles am Kreuz ab, was dich belastet, und lass dich von Jesus beschenken. In der Begegnung mit ihm kannst du erleben, wie er dich freisetzt.

SESSION 2: JESUS STECKT EINFACH ÜBERALL IN DER BIBEL

LESEN

Wenn dir die Geschichten über Jesus im Neuen Testament nicht reichen, dann gibt es großartige Neuigkeiten für dich. Schau genau hin, geh auf Spurensuche und entdecke, wo Jesus auch schon im Alten Testament zu finden ist. Lies jetzt die Seiten 113 bis 119.

- Was hat Gott dir beim Lesen gezeigt?
- Wo musstest du deine Brille putzen?

GEBET

Sprich mit Gott, dem Vater, über das, was du gelesen hast. Was möchte er dir damit zeigen?

SESSION 3: WIE BEEINFLUSST DER BUND MIT JESUS DEIN LEBEN?

LESEN

Der Jesus-Bund verändert Leben. Wir werden nun entdecken, wie dich ein neues Fundament verändern kann. Lies jetzt die Seiten 119 bis 129.

- Was hat Gott dir beim Lesen besonders aufs Herz gelegt?
- Welche Lebensecken möchtest du nach diesen neuen Erkenntnissen putzen?

GET FREE

Bleib in dieser »putzenden« Herzenshaltung. Jesus will dich unterstützen, damit alles wieder glänzt und blitzt. Die kommenden Fragen können dir helfen, ganz genau hinzuschauen.

- Wo hast du Lügen in Bezug auf das Alte Testament geglaubt?
- Wo hast du bisher gedacht, dass Jesus der Notfallplan Gottes war?
- Was möchtest du darüber hinaus an Jesu Kreuz bringen?

Lege alles am Kreuz ab, was dich belastet, und lass dich von Jesus beschenken. In der Begegnung mit ihm kannst du erleben, wie er dich freisetzt.

SESSION 4 – ENCOUNTER: HINWEISE AUF JESUS IM ALTEN TESTAMENT

In der Bibel gibt es viele Worte, die Jesus beschreiben: Weg, Wahrheit, Leben, König der Juden, Licht, Hirte, Davids Nachkomme, Menschensohn, Retter und Erlöser – um nur ein paar zu nennen.

Es wird Zeit, die 3D-Jesus-Brille selbst aufzusetzen. Lade den Heiligen Geist ein und tauche nun ein in Texte des Alten Testaments, um dort mit ihm Hinweise auf Jesus zu entdecken.

GOTTES WORT

Denn der Herr hat die Gerichtsurteile, die über dich verhängt wurden, aufgehoben und deine Feinde beseitigt. Der König Israels, der Herr, ist in deiner Mitte und du wirst nichts Böses mehr sehen.

Zefanja 3,15; NLB

Kommt, wir wollen zum HERRN umkehren! Er hat uns verletzt, aber er wird uns auch wieder heilen; er hat uns geschlagen, aber nun wird er unsere Wunden verbinden! Schon nach zwei Tagen wird er uns wieder aufrichten, ja, am dritten Tag schenkt er uns neues Leben. Dann können wir immer in seiner Nähe sein. Alles wollen wir tun, um ihn, den HERRN, zu erkennen! So sicher, wie morgens die Sonne aufgeht und im Herbst und Frühjahr der Regen die Erde tränkt, so gewiss wird er kommen und uns helfen.

Hosea 6,1-3; Hfa

Plötzlich sprang Nebukadnezar entsetzt auf und fragte seine Beamten: »Haben wir nicht drei Männer gefesselt in den Ofen geworfen?« »Ja, sicher!«, antworteten sie. »Warum sehe ich dann aber vier Männer ohne Fesseln im Feuer umhergehen?«, rief der König. »Sie sind unversehrt, und der vierte sieht aus wie ein Sohn der Götter!« Nebukadnezar trat näher an die Öffnung des Ofens heran und schrie: »Schadrach, Meschach und Abed-Nego, ihr Diener des höchsten Gottes, kommt heraus!« Da kamen die drei aus dem Ofen.

Daniel 3,25-26; Hfa

So spricht der Herr: »Mein Diener wird seine Aufgabe erfüllen. Er wird eine überragende Stellung erlangen und hoch geehrt sein. Viele waren entsetzt, als sie ihn sahen. Denn in der Tat: Er war völlig entstellt und kaum mehr als Mensch zu erkennen. Dann aber werden viele Völker über ihn staunen, sprachlos werden die Könige dastehen. Denn vor ihren Augen geschieht etwas, wovon sie noch nie gehört haben, und sie begreifen plötzlich, was ihnen bisher unbekannt war!«

Jesaja 52,13-15; Hfa

Es kommt die Zeit, da werde ich einen König aus der Nachkommenschaft von David hervorgehen lassen, den man wirklich als gerecht bezeichnen kann. Er wird weise regieren und in seinem Land für Recht und Gerechtigkeit sorgen. Unter seiner Regierung wird Juda Hilfe finden und Israel in Sicherheit leben. »Der HERR ist unsere Gerechtigkeit«, so wird man diesen König nennen.

Jeremia 23,5-6; Hfa

In jener Zeit will ich David einen Nachkommen geben, der als gerecht bezeichnet werden wird. Er wird im ganzen Land Recht und Gerechtigkeit durchsetzen. In diesen Tagen soll Juda gerettet werden und Jerusalem in Sicherheit leben. Und die Stadt wird mit dem Namen genannt werden »Der Herr ist unsere Gerechtigkeit!« Denn so spricht der Herr: Stets wird es einen Nachkommen Davids geben, der auf dem Thron Israels sitzt.

Jeremia 33,16-17; ELB

So will ich meine Schafe retten, damit sie nicht mehr zum Raub werden; und ich werde richten zwischen Schaf und Schaf. Und ich werde einen Hirten über sie einsetzen, der wird sie weiden: meinen Knecht David, der wird sie weiden, und der wird ihr Hirte sein. Und ich, der HERR, werde ihnen Gott sein, und mein Knecht David wird Fürst in ihrer Mitte sein. Ich, der HERR, habe geredet.

Hesekiel 34,22-24; ELB

Dann sah ich in meinen nächtlichen Visionen jemanden, der kam mit den Wolken des Himmels und sah aus wie eines Menschen Sohn. Er gelangte zu dem alten Mann und wurde vor ihn geführt. Und ihm wurden Herrschermacht, Ehre und das Königreich verliehen. Alle Völker, Nationen und Sprachen gaben ihm die Ehre und dienten ihm. Seine Herrschaft ist eine ewige Herrschaft, die niemals vergehen wird. Sein Reich wird niemals zerstört werden.

Daniel 7,13-14; NLB

Doch eines weiß ich: Mein Erlöser lebt; auf dieser todgeweihten Erde spricht er das letzte Wort!

Hiob 19,25; Hfa

Dein Wort ist wie ein Licht in der Nacht, das meinen Weg erleuchtet.

Psalm 119,105; Hfa

WOCHENREFLEXION

Du bist am Ende deiner Woche angekommen. Schau noch mal zurück:

- Was hast du an dem Jesus-Bund noch nicht verstanden? Wo bist du vielleicht stecken geblieben?
- Welche Aspekte haben dich am meisten geflasht? Wie werden diese Erkenntnisse deine Zukunft prägen?
- Wo hast du Veränderung erlebt?

Unter welchen Zuspruch Gottes aus dieser Woche stellst du dich jetzt ganz bewusst?

Feiere diese Woche und danke dem Heiligen Geist für deine Erlebnisse mit Jesus.

Kapitel 5

WELCOME BACK – EIN BUND, DER ORIENTIERUNG GIBT

Sehnst du dich auch nach tiefer und ewiger Gemeinschaft mit Gott? In seinem Bund mit David schreibt Gott weiter Geschichte mit dem Volk Israel. Alles deutet dabei auf Jesus hin. Erkunde in diesem Kapitel noch mehr, was deine persönliche Rolle in alldem ist und wie du dabei in eine tiefere Gemeinschaft mit Gott kommen kannst.

Lies die Abschnitte im Buch und besprich das, was du gelesen hast, mit Gott. Dazu sollen dir die Fragen und Anregungen in den einzelnen Sessions dienen. Zusätzlich hast du die Möglichkeit, mit der Encounter-Session noch weiter in das Thema einzutauchen. Teile dir die Sessions so auf, wie es für dich gut in deinen Alltag passt (zum Beispiel eine täglich oder alle an einem oder zwei Tagen).

Session	Thema	Seiten
	Standortbestimmung	
1	Read: Der Thron Davids	131-134
2	Read: Sei bereit!	134-141
3	Read: Die Ewigkeit im Blick	141-147
4	Encounter: Jesus und die Ewigkeit	
	Wochenreflexion	

Gott hat alles vorbereitet, damit wir versöhnt mit ihm in der Ewigkeit leben können. Eines Tages werden wir Jesus gegenüberstehen und Gott fordert uns auf, stets bereit dafür zu sein.

Geh mit dem Heiligen Geist ins Gespräch darüber und schau dir gemeinsam mit ihm folgende Fragen an:

- Was bedeutet das ewige Königreich Gottes für dich?
- Fällt es dir leicht oder schwer, die Thronfolge Davids bis hin zu Jesus nachzuvollziehen?
- Wie bereitet dich dein Lebensstil darauf vor, dass Jesus wiederkommt?

Egal, was dich gerade bewegt, richte deinen Blick jetzt auf den Heiligen Geist. Frag ihn, was er diese Woche mit dir vorhat.

SESSION 1: DER THRON DAVIDS

LESEN

Gottes Plan war es von Anfang an, dass Jesus auf dem Thron Davids sitzen würde. Aber auch wir sollen Teil des ewigen Königreichs sein. Lass dich auf die tiefe Gemeinschaft ein, die Gott mit dir haben möchte. Lies jetzt die Seiten 131 bis 134.

- Was hat Gott dir gezeigt?
- Was sagt die Vollkommenheit von Gottes Plan über ihn und seine Beziehung zu dir aus?

GOTTES WORT

Lass Gott weiter durch sein Wort zu dir sprechen.

> **Merkst du es denn nicht? Noch stehe ich vor deiner Tür und klopfe an. Wer jetzt auf meine Stimme hört und mir die Tür öffnet, zu dem werde ich hineingehen und Gemeinschaft mit ihm haben. Wer durchhält und den Sieg erringt, wird mit mir auf meinem Thron sitzen, so wie auch ich mich als Sieger auf den Thron meines Vaters gesetzt habe.**
>
> Offenbarung 3,20-21; Hfa

- Welches Ziel hat Jesus in dieser Bibelstelle vor Augen? Was möchte er dir damit sagen?
- Wo klopft Jesus gerade bei dir an und möchte reingelassen werden?

GEBET

Bleib in der Gegenwart Gottes und lass dich weiter vom Heiligen Geist im Gebet leiten. Wenn dir jetzt Gedanken, Bilder oder Gefühle kommen, dann schreib sie gerne auf.

SESSION 2: SEI BEREIT!

LESEN

Gott möchte eine lebendige Beziehung mit dir haben. Jesus ist bereits gekommen und hat den Weg dafür vorbereitet. Aber da hört die Geschichte nicht auf. Wir sollen uns aktiv auf das zweite Kommen Jesu vorbereiten. Lies jetzt die Seiten 134 bis 141.

- Was hat Gott dir gezeigt?
- Wo findest du dich in dem Gleichnis mit den Brautjungfern wieder?

GET FREE

Du hast die geniale Möglichkeit, mit dem Vater, Jesus und dem Heiligen Geist an deiner Seite jetzt schon in Freiheit zu leben. Nutze den Tausch am Kreuz, um dich aktiv darauf vorzubereiten, dass Jesus wiederkommt.

- Wo hast du verpasst, den zweiten Arm der Zugbrücke runterzulassen?
- In welchem Bereich deines Lebens möchtest du Klarschiff machen?
- Welche Geschenke will Gott dir heute mit auf den Weg geben?

Bring alles zum Kreuz, was dir gerade auf dem Herzen liegt, und lass dich von Jesus beschenken. In der Begegnung mit ihm kannst du erleben, wie er dich freisetzt.

SESSION 3: DIE EWIGKEIT IM BLICK

LESEN

Führ dir die Größe Gottes vor Augen. Von Anbeginn der Zeit bis in die Ewigkeit ist er allmächtig. Er ist ein und derselbe Gott und er zeigt uns auch jetzt, welchen Weg wir gehen sollen. Lies jetzt auf den Seiten 141 bis 147 das Kapitel 5 weiter.

- Wo spricht Gott dich gerade an?
- Was an dem Friedensbund bewegt dich besonders?

NEXT STEP

Nimm dir eine Auszeit vom Alltag. Leg dich unter einen Sternenhimmel, wenn es dir möglich ist. Alternativ kannst du dir einen anderen Ort suchen, an dem dir die Größe Gottes klar vor Augen ist. Erinnere dich daran, was Gott bereits Großes in deinem Leben vollbracht hat.

Geh mit Gott ins Gespräch und überlegt gemeinsam, wie du dich in der kommenden Zeit mit einem kleinen Schritt weiter darauf vorbereiten kannst, dass Jesus wiederkommt.

SESSION 4 – ENCOUNTER: JESUS UND DIE EWIGKEIT

GOTTES WORT

Lade den Heiligen Geist ein, neu zu dir zu sprechen.

Jesus Christus ist und bleibt derselbe, gestern, heute und für immer.

Hebräer 13,8; Hfa

Glücklich sind die, die verfolgt werden, weil sie in Gottes Gerechtigkeit leben, denn das Himmelreich wird ihnen gehören.

Matthäus 5,10; NLB

Jesus spricht zu ihm: Ich bin der Weg und die Wahrheit und das Leben; niemand kommt zum Vater als nur durch mich!

Johannes 14,6; SLT

Ehre sei Gott im Himmel! Denn er bringt der Welt Frieden und wendet sich den Menschen in Liebe zu.

Lukas 2,14; Hfa

Er wird seine Herrschaft weit ausdehnen und dauerhaften Frieden bringen. Auf dem Thron Davids wird er regieren und sein Reich auf Recht und Gerechtigkeit gründen, jetzt und für alle Zeit. Der HERR, der allmächtige Gott, wird dies eintreffen lassen, leidenschaftlich verfolgt er sein Ziel.

Jesaja 9,6; Hfa

So wird sich euer Glaube bewähren und sich als wertvoller und beständiger erweisen als pures Gold, das im Feuer gereinigt wurde. Lob, Ruhm und Ehre werdet ihr dann an dem Tag empfangen, an dem Christus für alle sichtbar kommt. Ihr habt ihn nie gesehen und liebt ihn doch. Ihr glaubt an ihn, obwohl ihr ihn auch jetzt nicht sehen könnt, und eure Freude ist herrlich, ja, grenzenlos, denn ihr wisst, dass ihr das Ziel eures Glaubens erreichen werdet: die Rettung für alle Ewigkeit.

1. Petrus 1,7-9; Hfa

WOCHENREFLEXION

Du bist am Ende deiner Woche angekommen. Schau noch mal zurück:

- Welche Themen sind noch offengeblieben? Wo bist du ein bisschen stecken geblieben?
- Was konntest du von dem Bund zwischen Gott und David neu für dich mitnehmen?
- Was hat Gott in der vergangenen Woche bei dir verändert? Wie merkst du die Veränderungen möglicherweise jetzt schon?

Unter welchen Zuspruch Gottes aus dieser Woche stellst du dich jetzt ganz bewusst?

Kapitel 6

ABRAHAM, MOSE, JESUS – ALLE WAREN JUDEN!

Wünschst du dir nicht auch, dass du dich auf die Menschen um dich herum zu 100 Prozent verlassen kannst, dass sie dir immer treu sind? In diesem Kapitel darfst du erleben, wie Gott seit jeher genau das ist, zu 100 Prozent treu und verlässlich! Er möchte dir zeigen, wie seine Bünde mit Israel auch heute noch für dich gelten und wie viel Identität darin für dich persönlich steckt.

Lies die Abschnitte im Buch und besprich das, was du gelesen hast, mit Gott. Dazu sollen dir die Fragen und Anregungen in den einzelnen Sessions dienen. Zusätzlich hast du die Möglichkeit, mit der Encounter-Session noch weiter in das Thema einzutauchen. Teile dir die Sessions so auf, wie es für dich gut in deinen Alltag passt (zum Beispiel eine täglich oder alle an einem oder zwei Tagen).

Session	Thema	Seiten
	Standortbestimmung	
1	Read: Israel als Kontaktlinse?!	149-152
2	Read: Uralte Zusagen mit ewiger Relevanz	152-161
3	Read: Liebe siegt	162-173
4	Encounter: Gott ist gerecht und treu	
	Wochenreflexion	

STANDORTBESTIMMUNG

Lass dich mit hineinnehmen in Gottes Geschichte mit seinem Volk. Um voranzugehen, hilft es zu wissen, wo du startest.

Geh mit dem Heiligen Geist ins Gespräch und nutze die folgenden Fragen, um deinen aktuellen Startpunkt zu bestimmen:

- Welche Erfahrungen hast du bisher mit dem jüdischen Volk gemacht?
- Was für ein Bild kommt dir beim Thema »Juden« in den Kopf? Hast du Vorurteile oder unangenehme Gefühle dabei?
- Wie wichtig sind das Volk Israel und die jüdischen Bräuche für deinen Glauben? Warum?

Egal, was dich gerade bewegt, richte deinen Blick jetzt auf den Heiligen Geist. Frag ihn, was er diese Woche mit dir vorhat.

SESSION 1: ISRAEL ALS KONTAKTLINSE?!

LESEN

Vielleicht erscheint dir der Session-Titel merkwürdig. Wie Gott von Anfang an Geschichte mit Israel schreibt und dann den Fokus auf Jesus setzt, kannst du auf den folgenden Seiten entdecken. Lies jetzt aus dem Kapitel 6 die Seiten 149 bis 152.

- Was hat Gott dir gezeigt?
- Was löst es in dir aus, dass das Heil von den Juden kommt und Gott gerade Israel als sein Volk erwählt hat?

GEBET

Sprich mit Gott darüber, was du im Hinblick auf Israel empfindest. Vielleicht erinnerst du dich an deinen letzten Urlaub dort oder an eine Doku, die du mal darüber gesehen hast. Vielleicht schießen dir die Nachrichten über den Nahostkonflikt in den Kopf oder irgendwelche Judenwitze aus deiner Jugend. Oder du weißt gar nicht, was du denken sollst, weil du noch nie Berührungspunkte mit Israel hattest. Werde mit deinen Gedanken einfach ehrlich vor Gott. Er freut sich an dir.

GET FREE

Nachdem du Gott dein Herz offen hingelegt hast, kannst du alles Negative am Kreuz abladen und mit neuer Energie deinen jüdischen Wurzeln nachgehen.

- Welche Vorbehalte hindern dich noch daran, die ganze Fülle und Bedeutung des Volkes Israel zu entdecken?
- Bist du in manchen Situationen am Thema Israel oder ganz konkret an Juden oder Jüdinnen schuldig geworden? Welche waren das?
- Was möchtest du noch am Kreuz ablegen und dich dafür von Gott neu beschenken lassen?

Nimm dieses Geschenk jetzt bewusst in Anspruch und erlebe, wie er dich freisetzt.

NEXT STEP

Mit einem neuen Blick auf Israel kannst du jetzt vorangehen. Überlege dir, wie du diesen Blick praktisch in dein Leben integrieren kannst.

Was kannst du tun, um Schritte auf Israel zuzugehen? Du kannst dir zum Beispiel in der kommenden Woche jeden Tag fünf Minuten Zeit nehmen, um für Gottes Volk zu beten. Was fällt dir noch ein?

SESSION 2: URALTE ZUSAGEN MIT EWIGER RELEVANZ

LESEN

Erlebe durch die folgenden Seiten, dass Gottes Versprechen an sein Volk unverändert auch dir gelten – und zwar für alle Zeiten. Nimm diese Versprechen an und genieße die Gewissheit, dass Gott dir genauso treu ist wie seinem auserwählten Volk. Lies jetzt die Seiten 152 bis 161.

- Was hat Gott dir aufs Neue bewusst gemacht?
- Was löst das Wissen über Gottes Wesen und seine Zusagen in dir aus?

GOTTES WORT

Nutze die Chance, um Gottes Versprechen für dich persönlich zu ergreifen. Lies dir die Bibelstellen durch und nimm sie in dein Herz auf. Du kannst sie auch laut aussprechen in der Gewissheit, dass es Gottes Wahrheit über dich ist.

> **Mit ewiger Liebe habe ich dich geliebt; darum habe ich dich zu mir gezogen aus lauter Gnade.**
>
> Jeremia 31,3b; SLT

Von allen Seiten umgibst du mich und hältst deine schützende Hand über mir.

Psalm 139,5; Hfa

Der Herr hält die fest, die hinfallen, und hilft denen auf, die zusammengebrochen sind.

Psalm 145,14; NLB

Der Herr spricht: »Ich bin es, der euch tröstet, ich allein.«

Jesaja 51,12a; Hfa

Du wirst sehen: Ich stehe dir bei! Ich behüte dich, wo du auch hingehst, und bringe dich heil wieder in dieses Land zurück. Niemals lasse ich dich im Stich; ich stehe zu meinem Versprechen, das ich dir gegeben habe.

1. Mose 28,15; Hfa

Fürchte dich nicht, denn ich stehe dir bei; hab keine Angst, denn ich bin dein Gott! Ich mache dich stark, ich helfe dir, mit meiner siegreichen Hand beschütze ich dich!

Jesaja 41,10; Hfa

- Welche Zusage brauchst du gerade am meisten? Wie stärkt Gott dich durch sie?
- Gott sprich dir Liebe, Identität, Schutz, Trost, Führung und noch viel mehr zu. Wie ändert sich dadurch deine Sichtweise auf deine Umstände?

→ NEXT STEP

Gott gibt dir Versprechen, die über alle Zeiten hinaus gelten, die dir Identität und Wert und die Kraft geben, jede Situation zu durchstehen.

Wie kannst du dich immer wieder auf diese Versprechen stellen und sie für dich in Anspruch nehmen?

SESSION 3: LIEBE SIEGT

LESEN

Gott hält große Pläne und Zusagen für sein Volk und dich bereit. Es wäre aber leichtsinnig zu denken, dass dir deshalb gar kein Gegenwind mehr entgegenkommt. Jesus selbst hat uns davor gewarnt. Doch mit seiner Wahrheit und Liebe können wir unabhängig von unseren Umständen Frieden in ihm finden.

Lies jetzt die Seiten 162 bis 173 aus dem Kapitel 6.

- Auf was hat Gott gerade beim Lesen den Schwerpunkt in deinem Herzen gelegt?
- Wie kannst du auch in schweren Umständen deinen Blick immer wieder auf Jesu Sieg richten?

GET FREE

Du kannst mit allem, was du schon durchlitten hast, zu Jesus ans Kreuz kommen und Heilung erfahren. Bring ihm deine Verletzungen und er wird dich mit seinem Frieden beschenken.

- Welche Kommentare, Meinungen oder Taten von anderen haben dich verletzt, eingeschüchtert oder entmutigt?
- Wem kannst du aktiv vergeben, dadurch ehemaliges Leid hinter dir lassen und dich stattdessen mit Gottes Frieden füllen?
- Wo brauchst du selbst Vergebung, weil du anderen Leid oder Schaden zugefügt hast?

Lege alles am Kreuz ab, was dich belastet, und lass dich von Jesus dafür beschenken. In der Begegnung mit ihm kannst du erleben, wie er dich freisetzt.

NEXT STEP

Jesu Liebe überwindet diese Welt. Dazu will er auch dich gebrauchen und dich in seine Armee der Liebe berufen. Du kannst in dieser Welt einen Unterschied für Gott machen. Stell dir deshalb die Frage: Wie kannst du deinen Platz in Gottes Armee der Liebe konkret einnehmen?

SESSION 4 – ENCOUNTER: GOTT IST GERECHT UND TREU

Heute hast du die Möglichkeit, selbst in Gottes Geschichte mit Israel einzutauchen. Lass die folgenden Zeilen auf dich wirken. Welche Gedanken schenkt Gott dir? Siehst du Parallelen zu deiner persönlichen Geschichte mit Gott? Entdecke Gottes Herzschlag für sein Volk – in Höhen und in Tiefen.

Der Himmel höre, was ich sage, die Erde achte auf mein Lied! Wie Regen soll es Leben spenden, erfrischen soll es wie der Tau und Wachstum bringen wie ein Schauer, der auf Gras und Kräuter fällt. Ich rufe laut den Namen des Herrn! Gebt unserem großen Gott die Ehre! Vollkommen und gerecht ist alles, was er tut. Er ist ein Fels – auf ihn ist stets Verlass. Er hält, was er verspricht; er ist gerecht und treu.

Und was seid ihr? Ein falsches Volk, das keine Treue kennt! Ist es nicht eine Schande, wie ihr Gott beleidigt? Und ihr wollt seine Kinder sein? Nein, nie und nimmer seid ihr das! Soll das der Dank sein für all das Gute, das er für euch tat? Wie dumm und blind ihr seid! Ist er nicht euer Vater? Hat er euch nicht geschaffen? Ja, er ist euer Schöpfer, euer Leben kommt aus seiner Hand. Denkt zurück an ferne Zeiten, an Jahre, die längst vergangen sind! Fragt eure Eltern, was damals geschah! Die alten Leute werden es euch sagen. Der höchste Gott gab jedem Volk ein Land und teilte die Erde unter ihnen auf. Er zog die Grenzen dabei so, dass Israel genügend Land bekam. Denn dieses Volk, die Nachkommen von Jakob, sind Eigentum des Herrn. Er selbst hat sie dazu erwählt. Er fand sie in der öden Wüste, wo nachts die wilden Tiere heulen. Er schloss sie fest in seine Arme, bewahrte sie wie seinen Augapfel. Er ging mit ihnen um wie ein Adler, der seine Jungen fliegen lehrt: Der scheucht sie aus dem Nest, begleitet ihren Flug, und wenn sie fallen, ist er da, er breitet seine Schwingen unter ihnen aus und fängt sie auf.

So hat der Herr sein Volk geführt, der Herr allein, kein anderer Gott. Er machte sie zu Herrschern eines weiten, guten Landes und schenkte ihnen reiche Ernten. Wo sie zuerst nur Felsen sahen, entdeckten sie bald wilden Honig, und wo bisher nur Steine lagen, da wuchsen nun Olivenbäume. Die Israeliten hatten Sahne, Butter, sie tranken Milch von ihren Herden und aßen gutes Fleisch vom Lamm. Aus Baschan kamen Schafböcke; sie hatten Ziegen, besten Weizen, dazu noch edlen roten Wein.

5. Mose 32,1-14; Hfa

Dieses Lied trugen Mose und Josua, der Sohn von Nun, den Israeliten vor. Danach sagte Mose:

> **»Nehmt euch alles zu Herzen, was ich euch heute weitergesagt habe! Lehrt auch eure Kinder alle Gebote aus diesem Gesetz, damit sie sich genau daran halten. Denn es sind keine leeren Worte, sondern sie sind euer Leben. Richtet euch danach, und ihr werdet lange in dem neuen Land jenseits des Jordan bleiben, das ihr jetzt in Besitz nehmt.«**
>
> 5. Mose 32,44-47; Hfa

WOCHENREFLEXION

Du bist am Ende deiner Woche mit dem Heiligen Geist angekommen. Schau noch mal zurück:

- Wo konntest du Geheimnisse über das Volk Israel noch nicht nachvollziehen oder hast du etwas noch nicht verstanden? Wie kannst du in diesem Punkt weitergehen?
- An welchen Stellen ist Gott dir begegnet und hat dir seinen Herzschlag über sein Volk offenbart?
- Wo konntest du eine neue Sichtweise auf Israel gewinnen und hast dadurch auch Gottes Plan mit dir noch tiefer verstanden?

Unter welchen Zuspruch Gottes aus dieser Woche stellst du dich jetzt ganz bewusst?

Feiere diese Woche und danke dem Heiligen Geist für seinen Plan mit Israel und dir.

Kapitel 7

DAS HEILIGE ISRAEL – BEDEUTUNG FÜR DEIN & MEIN LEBEN

Ist deine Gedankenwelt in Bezug auf Israel schwarz-weiß? Und was machst du, wenn du mal an Gottes Ziel für dich vorbeigelaufen bist? In diesem Kapitel wirst du dazu eingeladen, auch den Raum zwischen Schwarz und Weiß zu sehen. Außerdem darfst du erleben, wie groß Gottes Liebe für dich ist, auch wenn er in deinem Leben vielleicht die Konsequenzen deiner Taten mal zulässt. Doch er weist dich nie ab, sondern ist immer für dich da, so wie für sein Volk Israel.

Lies die Abschnitte im Buch und besprich das, was du gelesen hast, mit Gott. Dazu sollen dir die Fragen und Anregungen in den einzelnen Sessions dienen. Zusätzlich hast du die Möglichkeit, mit der Encounter-Session noch weiter in das Thema einzutauchen. Teile dir die Sessions so auf, wie es für dich gut in deinen Alltag passt (zum Beispiel eine täglich oder alle an einem oder zwei Tagen).

Session	Thema	Seiten
	Standortbestimmung	
1	Read: Schwarz oder Weiß?	175-184
2	Read: Was hat Israel mit meinem Leben zu tun?	184-195
3	Read: Du hast die Wahl	195-211
4	Encounter: Gott liebt dich	
	Wochenreflexion	

STANDORTBESTIMMUNG

Das Thema »Israel« ist ein höchst spannungsgeladenes, politisches und religiös aufgeladenes. Dennoch ist es wichtig, auch gerade für uns (deutsche) Christen, dass wir uns damit auseinandersetzen und versuchen, eine differenzierte Sichtweise darauf zu gewinnen.

Geh mit dem Heiligen Geist ins Gespräch darüber und schaue dir gemeinsam mit ihm folgende Fragen an:

- Durch welche »Brille« schaust du aktuell auf Israel? (Medien, persönliche Erfahrung ...)
- Welche Perspektive könnte deinen Horizont noch erweitern?
- In welcher Bibelgeschichte über das Volk Israel kannst du dich am besten wiederfinden? Was genau spricht dich an?

Egal, was dich gerade bewegt, richte deinen Blick jetzt auf den Heiligen Geist. Frag ihn, was er diese Woche mit dir vorhat.

SESSION 1: SCHWARZ ODER WEIß?

LESEN

Eine differenzierte Sichtweise auf das Judentum und den Staat Israel fällt uns Christen manchmal schwer, besonders in Deutschland. Es hilft oft, sich bewusst zu machen, dass alle Menschen, die in Israel leben, Juden, Muslime und Christen, genauso Menschen sind wie du und ich – mit ihren guten und schlechten Eigenschaften, ihren Träumen, Erfolgen und persönlichem Versagen.

Lies jetzt die Seiten 175 bis 184 aus dem Kapitel 7.

- Was hat Gott dir beim Lesen gezeigt?
- Gibt es etwas, das du an deiner Sichtweise zum Thema Israel ändern solltest?

GOTTES WORT

Lass Gott weiter durch sein Wort zu dir sprechen.

Der HERR hat mir gesagt: »Ein junger Löwe verteidigt knurrend seine Beute. Er lässt sich nicht einschüchtern vom Geschrei der vielen Hirten, die ihm das Schaf wieder entreißen wollen. Genauso furchtlos werde ich, der allmächtige Gott, auf den Berg Zion herabkommen und um Jerusalem kämpfen. Wie ein

Vogel über seinem Nest kreist und seine Jungen ständig im Auge behält, so werde ich, der allmächtige Gott, Jerusalem beschützen. Ich beschirme und verteidige die Stadt, ich verschone und befreie sie.« Kehrt um, ihr Israeliten, zurück zum Herrn! Ihr habt euch schon so weit von ihm entfernt.

Jesaja 31,4-6; Hfa

- Wie denkt Gott über sein Volk Israel? Sieht er es durchweg positiv oder liebt er es trotz seiner Fehler?
- Wo sollten Gottes Gedanken über Israel deine eigenen prägen?

GEBET

Komme in die Gegenwart Gottes und lasse dich vom Heiligen Geist im Gebet leiten.

SESSION 2: WAS HAT ISRAEL MIT MEINEM LEBEN ZU TUN?

LESEN

Die Geschichte des Volkes Israel weist viele Parallelen zu unserem Leben auf. Sie kann uns ermutigen, immer wieder neu unser Vertrauen auf Gott zu setzen.

Lies jetzt im Kapitel 7 die Seiten 184 bis 195.

- Was ist dir beim Lesen wichtig geworden?
- Wo siehst du Parallelen zu deinem eigenen Leben?

GET FREE

Obwohl wir wissen, dass Gott gut ist und seine Pläne Hoffnung für uns sind, wenden wir uns immer wieder von ihm ab, genauso wie das Volk Israel. Dank Jesu Tod am Kreuz, dem ultimativen Opfer, können wir ihm alles geben und immer wieder neu anfangen.

- Welche Situation fällt dir ein, in der du an Gottes Plan vorbeigehandelt hast?
- Wo hast du das Gefühl, dass du etwas gemacht hast, das Gott dir nicht vergeben kann?
- In welchem Punkt in deinem Leben wünschst du dir einen Neustart mit Gott?

Lege alles am Kreuz ab, was dich belastet, und lass dich von Jesus beschenken. In der Begegnung mit ihm kannst du erleben, wie er dich freisetzt.

SESSION 3: DU HAST DIE WAHL

LESEN

Gott ist immer gut, genau wie seine Pläne für uns. Doch vertrauen wir ihm manchmal nicht und gehen unsere eigenen Wege. Werde dir im folgenden Leseteil noch einmal neu der Tatsache bewusst, dass du immer wieder umkehren kannst und dass Gott alles im Griff hat.

Lies jetzt aus dem Kapitel 5 die Seiten 195 bis 211.

- Wo spricht Gott gerade zu dir?
- Welche Bereiche gibt es in deinem Leben, in denen du Gottes Plan noch nicht ganz vertraust?

NEXT STEP

Suche dir heute einen realen Ort, an dem dir immer wieder bewusst wird, dass Gott es gut mit dir meint. Welche Bereiche in deinem Leben möchtest du (ganz neu) seiner Autorität unterstellen? Welche Schritte willst du konkret gehen?

SESSION 4: GOTT LIEBT DICH

GOTTES WORT

Lasse Gottes Wort auf dich wirken und höre, was er dir dadurch sagen möchte.

So spricht der HERR: »Kommt, wir wollen miteinander verhandeln, wer von uns im Recht ist, ihr oder ich. Selbst wenn eure Sünden blutrot sind, sollt ihr doch schneeweiß werden. Sind sie so rot wie Purpur, will ich euch doch reinwaschen wie weiße Wolle. Wenn ihr mir von Herzen gehorcht, dann könnt ihr wieder die herrlichen Früchte eures Landes genießen. Wenn ihr euch aber weigert und euch weiter gegen mich stellt, dann werdet ihr dem Schwert eurer Feinde zum Opfer fallen. Darauf gebe ich, der HERR, mein Wort!«

Jesaja 1,18-20; Hfa

Aber dein Bogen bleibt unzerbrechlich. Deine Arme und Hände sind stark, weil Jakobs mächtiger Gott dir hilft. Er sorgt für Israel wie ein Hirte, gibt dem Volk Sicherheit wie ein starker Fels.

1. Mose 49,24; Hfa

Er wäscht sich, zieht die Amtskleidung des Hohepriesters an, geht hinaus und bringt das Brandopfer für sich und für das Volk dar. So wird ganz Israel wieder mit mir, dem Herrn, versöhnt.

3. Mose 16,24; Hfa

**Selbst wenn Vater und Mutter mich verstoßen,
nimmst du, HERR, mich dennoch auf.**

Psalm 27,10; Hfa

Zion klagt: »Ach, der HERR hat mich im Stich gelassen, er hat mich längst vergessen!« Doch Gott antwortet: »Kann eine Mutter ihren Säugling vergessen? Bringt sie es übers Herz, das Neugeborene seinem Schicksal zu überlassen? Und selbst wenn sie es vergessen würde – ich vergesse dich niemals! Unauslöschlich habe ich deinen Namen auf meine Handflächen geschrieben, deine Mauern habe ich ständig vor Augen!«

Jesaja 49,14-16; Hfa

Bedenken wir aber, welchen Segen schon die ablehnende Haltung und die Schuld Israels allen anderen Völkern brachte, wie groß wird erst der Segen

sein, wenn das ganze Israel für Christus gewonnen ist! Denen von euch, die keine Juden sind, möchte ich sagen: Ich bin stolz darauf, dass Gott mich als Apostel gerade für die nichtjüdischen Völker berufen hat, um ihnen die rettende Botschaft zu verkünden. Vielleicht eifern dadurch auch einige aus meinem Volk eurem Beispiel nach, so dass sie doch noch gerettet werden. Denn kam es schon zur Versöhnung der Völker mit Gott, als er sich von Israel abwandte, wie herrlich muss es werden, wenn Gott sich seinem Volk wieder zuwendet! Dann werden die Toten zu neuem Leben erwachen.

Römer 11,12-15; Hfa

WOCHENREFLEXION

Du bist am Ende deiner Woche mit dem Heiligen Geist angekommen. Schau noch mal zurück:

- Was hast du noch nicht so genau verstanden? Welche neue »Brille« auf Israel könnte dir helfen, hier noch tiefer zu gehen? (Besuch einer messianischen Gemeinde, Kontakt zu Menschen mit jüdischem Glauben ...)
- Wie kann dir Gottes Weg mit seinem auserwählten Volk ganz persönlich Hoffnung geben?
- Was aus der Woche willst du mit in deinen Alltag nehmen und wo hast du schon Veränderung erlebt?

Unter welchen Zuspruch Gottes aus dieser Woche stellst du dich jetzt ganz bewusst?

Feiere diese Woche und danke Gott für seine Geduld und Güte.

Kapitel 8

JUDEN & CHRISTEN – GESCHWISTER MIT ZUKUNFT?

Hast du dich schon immer gefragt, was du als Christ/in mit der Geschichte Israels zu tun hast? Und wo dein Platz in der Familie Gottes ist? Entdecke deine Identität als Kind Gottes neu und was es heißt, Jesus als Fundament deines Lebens zu legen.

Lies die Abschnitte im Buch und besprich das, was du gelesen hast, mit Gott. Dazu sollen dir die Fragen und Anregungen in den einzelnen Sessions dienen. Zusätzlich hast du die Möglichkeit, mit der Encounter-Session noch weiter in das Thema einzutauchen. Teile dir die Sessions so auf, wie es für dich gut in deinen Alltag passt (zum Beispiel eine täglich oder alle an einem oder zwei Tagen).

Session	Thema	Seiten
	Standortbestimmung	
1	Read: Juden und Christen – eine Gemeinde	213-226
2	Read: Unser Auftrag als (Heiden-)Christen	226-236
3	Read: Eine noch größere Familie – Muslime	236-249
4	Encounter: Gottes Vision vom Volk Gottes	
	Wochenreflexion	

STANDORTBESTIMMUNG

Wenn alles möglich wäre ... wie sähe deine Gottesbeziehung aus? Und wo wäre dein Platz in Gottes Familie?

Geh mit dem Heiligen Geist ins Gespräch und lass dich dabei gerne von den folgenden Fragestellungen inspirieren.

- Welches Bild hast du von Christen?
- Welche Gedanken hast du in Bezug auf Juden?
- Wenn du über Familie nachdenkst, welche Begriffe fallen dir als Erstes ein?
- Wie wurde deine Vorstellung von Gemeinde geprägt?
- Welche persönliche Meinung hast du über Muslime?

Egal, was dich gerade bewegt, richte deinen Blick jetzt auf den Heiligen Geist. Frag ihn, was er diese Woche mit dir vorhat.

SESSION 1: JUDEN UND CHRISTEN, EINE GEMEINDE

LESEN

Stell dir zu Beginn einen starken Baum mit vielen Früchten und einer guten bevorstehenden Ernte vor. Bleibe kurz bei diesem Bild und nimm Gott im Gebet mit dazu. Erzähl ihm, welche Details du wahrnimmst.

Lies im Anschluss die Seiten 213 bis 226.

- Was hat Gott dir gezeigt?
- Wie sieht der Baum aus deiner Vorstellung jetzt aus?

SESSION 2: UNSER AUFTRAG ALS (HEIDEN-)CHRISTEN

LESEN

Durchs Einpfropfen von Zweigen werden zwei Baumarten gekreuzt. Wie können wir Christen und Christinnen besser mit unserem Glaubensfamilienstammbaum, den Menschen jüdischen Glaubens, zusammenwachsen? Wie glücklich würde es einen Familienvater machen, wenn seine Kinder (so unterschiedlich sie auf dem ersten Blick auch sein mögen) sich gegenseitig helfen und im Alltag unterstützen? Lies jetzt von Kapitel 8 die Seiten 226 bis 236.

- Was hat Gott dir Neues gezeigt?
- Welche Auswirkungen hat das auf dein Leben?

GEBET

Gottes Vision ist es, dass wir irgendwann alle in Einheit als sein Volk vor ihm stehen. Werde still vor Gott und geh mit ihm ins Gespräch. Frag ihn, was das für dich konkret bedeutet.

SESSION 3: EINE NOCH GRÖSSERE FAMILIE – MUSLIME

LESEN

Wie würde es dir gehen, wenn du folgende Schlagzeile in einer Zeitung lesen würdest: »Als uneheliches Kind hatte ich keinen Platz in der Familie meines Vaters«? Welche Gefühle hättest du gegenüber diesem Kind? Mitgefühl? Und was hat das mit muslimischen Menschen zu tun?

Lies jetzt die Seiten 236 bis 249 aus dem Kapitel 8.

- Was hat Gott dir beim Lesen gezeigt?
- Wie hat diese Familiengeschichte dein Herz berührt?

GET FREE

Wir haben alle auf die eine oder andere Weise festgefahrene Bilder oder Denkweisen in unserem Kopf. Schau gemeinsam mit Jesus hin und überarbeite diese Muster mit ihm.

- Wo hast du an deiner Identität als Kind Gottes gezweifelt?
- Welche Lügen hast du bisher über dich geglaubt?
- Wo hattest du deine jüdischen Wurzeln bisher nicht verstanden?

- Welche Vorurteile hattest du gegenüber anderen Nationen oder Menschen mit anderen Glaubenshintergründen?
- Was belastet dich darüber hinaus?

Lege alles am Kreuz ab, was dich belastet, und lass dich von Jesus beschenken. In der Begegnung mit ihm kannst du erleben, wie er dich freisetzt.

Gott, unser Vater, möchte uns immer mehr zu ihm und in die Gemeinschaft mit Menschen mit anderen Glaubenshintergründen ziehen. Welchen nächsten Schritt kannst du für dich gehen?

SESSION 4 – ENCOUNTER: GOTTES VISION VOM VOLK GOTTES

GOTTES WORT

Aber wie sieht es nun mit den anderen Menschen aus, die (noch) keinerlei Verbindung zu diesem edlen Ölbaum haben? Was sagt Gott in der Bibel über sie? Wie sieht er diese Menschen? Entdecke Gottes wundervollen Plan für sie bzw. alle Völker quer durch das Alte und Neue Testament.

> **Dann wird man auf der ganzen Welt erkennen, wie gut du bist und handelst. Alle Völker werden sehen und verstehen: Du bist ihre Rettung.**
>
> Psalm 67,3; Hfa

> **Er spricht zu mir: »Du sollst nicht nur die zwölf Stämme Israels wieder zu einem Volk vereinigen und die Überlebenden zurückbringen. Dafür allein habe ich dich nicht in meinen Dienst genommen, das wäre zu wenig. Nein – ich habe dich zum Licht für alle Völker gemacht, damit du der ganzen Welt die Rettung bringst, die von mir kommt!«**
>
> Jesaja 49,6; Hfa

> **Gilt dies vielleicht nur für die Juden, weil Gott ein Gott der Juden ist? Oder gilt das auch für die anderen Völker? Natürlich gilt das auch für sie, denn Gott ist für alle Menschen da.**
>
> Römer 3,29; Hfa

> **Er wird dann auf diesem Berg die Binde, die das Gesicht aller Völker verhüllte, abnehmen und die Decke, die über den Völkern ausgebreitet war, wegziehen.**
>
> Jesaja 25,7; NLB

> **Dies geschieht, damit auch die übrigen Menschen mich suchen, all die Völker, die seit jeher mein Eigentum sind. Ja, ich, der Herr, sorge dafür.**
>
> Apostelgeschichte 15,17; Hfa

Denn Gott in seiner Weisheit hat es den Menschen unmöglich gemacht, mit Hilfe ihrer eigenen Weisheit Gott zu erkennen. Stattdessen beschloss er, alle zu retten, die einer scheinbar so unsinnigen Botschaft glauben.

1. Korinther 1,21; Hfa

Jetzt ist es nicht mehr wichtig, ob ihr Juden oder Griechen, Sklaven oder Freie, Männer oder Frauen seid: In Jesus Christus seid ihr alle eins. Gehört ihr aber zu Christus, dann seid auch ihr Nachkommen von Abraham. Als seine Erben bekommt ihr alles, was Gott ihm zugesagt hat.

Galater 3,28-29; Hfa

Ich mache deine Nachkommen so zahlreich wie die Sterne am Himmel und überlasse ihnen dieses Land. Alle Völker der Erde werden durch deine Nachkommen am Segen teilhaben.

1. Mose 26,4; Hfa

Also, haben wir Juden denn nun den anderen Menschen gegenüber einen Vorteil? Nein, überhaupt keinen. Wir haben ja bereits gezeigt, dass alle Menschen – ob sie Juden sind oder nicht – unter der Herrschaft der Sünde stehen.

Römer 3,9; NLB

Deshalb gilt Gottes Zusage allein dem, der glaubt. Denn was Gott versprochen hatte, sollte ja ein Geschenk sein. Nur so bleibt die Zusage überhaupt gültig, und zwar für alle Nachkommen von Abraham. Das sind nicht nur die Juden, die das Gesetz haben, sondern auch alle anderen Menschen, die Gott so vertrauen wie Abraham. Deshalb ist Abraham der Vater von uns allen.

Römer 4,16; Hfa

So ist auch Christus ein einziges Mal gestorben, um alle Menschen von ihren Sünden zu erlösen. Wenn er zum zweiten Mal kommen wird, dann nicht, um uns noch einmal von unserer Schuld zu befreien. Dann kommt er, um alle, die auf ihn warten, in seine neue Welt aufzunehmen.

Hebräer 9,28; Hfa

Jetzt hast du viel über Gottes Plan für alle Menschen erfahren können. Wie geht es dir damit? Welche neuen Erkenntnisse konntest du gewinnen? Egal, was deine Aha-Momente waren, mach dir noch mal die folgenden Grundprinzipien Gottes bewusst:

Du sollst den Herrn, deinen Gott, von ganzem Herzen, von ganzer Seele, mit deiner ganzen Kraft und all deinen Gedanken lieben. Und: Liebe deinen Nächsten wie dich selbst.

Lukas 10,27; NLB

Die ihn aber aufnahmen und an ihn glaubten, denen gab er das Recht, Kinder Gottes zu werden.

Johannes 1,12; Hfa

Denn wir kämpfen nicht gegen Menschen aus Fleisch und Blut, sondern gegen die bösen Mächte und Gewalten der unsichtbaren Welt, gegen jene Mächte der Finsternis, die diese Welt beherrschen, und gegen die bösen Geister in der Himmelswelt.

Epheser 6,12; NLB

WOCHENREFLEXION

Du bist am Ende deiner Woche angekommen. Schau noch mal zurück:

- Bei welchem Thema bist du nicht richtig weitergekommen? Wo möchtest du nach dieser Woche noch tiefer graben?
- Wie hat sich deine Sichtweise in Bezug auf Juden und Christen verändert?
- Wo hast du Veränderung erlebt? Wie wird das dein Leben beeinflussen?

Unter welchen Zuspruch Gottes aus dieser Woche stellst du dich jetzt ganz bewusst?

Kapitel 9

EIN IMMERGRÜNER BAUM – SEI EIN SEGEN FÜR ANDERE!

Nachdem du dich mit deiner Kleingruppe im Laufe des Buches schon viel mit dem Thema »Roots« und Israel beschäftigt hast, ist jetzt die große Frage: Wie setzt du das in deinem Alltag um?

Lies die Abschnitte im Buch und besprich das, was du gelesen hast, mit Gott. Dazu sollen dir die Fragen und Anregungen in den einzelnen Sessions dienen. Zusätzlich hast du die Möglichkeit, mit der Encounter-Session noch weiter in das Thema einzutauchen. Teile dir die Sessions so auf, wie es für dich gut in deinen Alltag passt (zum Beispiel eine täglich oder alle an einem oder zwei Tagen).

Session	Thema	Seiten
	Standortbestimmung	
1	Read: Alle eins durch Jesus?!	251-264
2	Read: Dein Schritt in Richtung Israel	264-274
3	Read: Es geht um dein Herz	275-281
4	Encounter: Ist dein Herz im Einklang mit Gottes Herzschlag?	
	Wochenreflexion	

STANDORTBESTIMMUNG

Um Roots ganz praktisch in deinen Alltag zu integrieren, ist es hilfreich zu wissen, ob und wie du seine Inhalte jetzt schon aktiv lebst.

Geh mit dem Heiligen Geist ins Gespräch und nutze die folgenden Fragen, um deinen aktuellen Startpunkt zu bestimmen:

- Wie lebst du gerade Roots in deinem Alltag? (Abbau von Vorurteilen gegenüber Menschen mit jüdischem Glauben, Gebet für Israel, an eine Hilfsorganisation spenden, in deinem Umfeld auf das Thema aufmerksam machen ...)
- Hast du Menschen in deinem Umfeld, die dich beim Thema Roots inspirieren? Wie genau bringen dich diese Personen weiter?
- Inwiefern lebt deine Kirche den Roots-Gedanken? (Predigten, Workshops, Angebote, jüdische Feste ...)

Egal, was dich gerade bewegt, richte deinen Blick jetzt auf den Heiligen Geist. Frag ihn, was er diese Woche mit dir vorhat.

SESSION 1: ALLE EINS DURCH JESUS?!

LESEN

Kennst du diese Situationen, wenn zum Beispiel dein urbayrischer Großvater auf deine zwei besten Freunde trifft und sie sich einfach null verstehen? Hier den Dolmetscher zu spielen, ist alleine kaum machbar.

Lies jetzt aus dem Kapitel 9 die Seiten 251 bis 264 und finde heraus, wie Jesus einen ähnlichen Spagat geschafft hat.

- Was hat Gott dir gezeigt?
- Im Buch heißt es: Jesus »ist das Haupt der Kirche UND der König der Juden«. Was bedeutet dieser Satz für dich ganz persönlich?

GET FREE

Vielleicht fordert es dich heraus, dass Jesus zuerst der König der Juden war und dann erst das Haupt der Kirche. Er war jüdischer Rabbi und hat mit seinem Tod und der Auferstehung den Grundstein für die Kirche gelegt, aber hat sie nie selbst erlebt. Schau gemeinsam mit Jesus hin, was dich noch davon abhält, diese Realität anzunehmen:

- Wo hast du Jesus »verchristlicht« und ihm seine jüdische Identität abgesprochen?

- Was fordert dich heraus an der Aussage, dass Jesus der König der Juden war? Wieso?
- Was möchtest du noch am Kreuz ablegen und dich dafür von Gott neu beschenken lassen?

Lass jetzt los. In der Begegnung mit Jesus kannst du erleben, wie er dich freisetzt.

SESSION 2: DEIN SCHRITT IN RICHTUNG ISRAEL

LESEN

Warst du schon mal in Israel? Egal, ob ja oder nein: Versetze dich jetzt einmal an einen Ort deiner Wahl in Israel. Willst du zum Tempelberg, an die Klagemauer oder vielleicht zum See Genezareth? Führe dir diesen Ort für einen Moment vor Augen – entweder indem du ein Foto von deiner Zeit dort herauskramst oder indem du einfach im Internet nach einem Bild suchst.

Jetzt nimm dir einen Moment Zeit und fühle dich in das Bild hinein. Was hörst, spürst und siehst du?

Mit diesen Eindrücken vor Augen lies jetzt die Seiten 264 bis 275.

- In welchem Abschnitt hat Gott dich besonders berührt? Was hat dich da bewegt?
- Von dem, was dich angesprochen hat: Welchen praktischen Schritt könntest du heute noch gehen?

SESSION 3: ES GEHT UM DEIN HERZ

LESEN

Bist du Fußballfan? Es gibt verschiedene Stufen des Fan-Seins: Es gibt Fans und die Fans, die du schon zehn Meter gegen den Wind riechst. Sie tragen einen Bayern-München-Schal, darunter ein Trikot und unter dem Trikot schimmert das Tattoo durch. Kennst du solche Fans? Das sind die, die dir zuerst ihren Verein vorstellen, bevor sie dich ihre Frau kennenlernen lassen. Hier geht es nicht darum, dass du zum Israel-Freak wirst, der nicht ohne sein Schofarhorn aus dem Haus geht. Roots heißt, dein Herz mit Gottes Herz in Einklang zu bringen. Im letzten Buchabschnitt auf den Seiten 275 bis 281 darfst du ganz konkret überlegen, wie du demütig den Roots-Herzschlag an andere weitergeben kannst.

- Auf was hat Gott gerade beim Lesen den Schwerpunkt in deinem Herzen gelegt?
- Nach allem, was du jetzt gelesen hast: Was würdest du gerade von Herzen gerne tun?

NEXT STEP

Was würde dein Israel-Herz jetzt zum Aufblühen bringen? Wäre es vielleicht einfach ein leckeres, israelisches Essen? Oder ein hebräischer Worship-Song? Oder etwas ganz anderes? Probiere es einfach mal aus und gestalte so einen Moment für dich.

SESSION 4: IST DEIN HERZ IM EINKLANG MIT GOTTES HERZSCHLAG?

All das Wissen, das du dir in den letzten Wochen zum Thema Roots und Israel angeeignet hast, sollte dir dabei helfen, deinen Herzschlag mit Gottes Herzschlag in Einklang zu bringen. Die folgende Bibelstelle macht diesen Herzschlag noch einmal deutlich.

> **Darum will ich Erbarmen haben und mich Jerusalem aufs Neue zuwenden. Mein Tempel soll wieder aufgebaut werden, ja, die ganze Stadt soll neu erstehen. Das verspreche ich, der HERR, der allmächtige Gott! Und auch das sollst du verkünden: Mit lauter Gutem werde ich mein Volk beschenken; in ihren Städten soll es an nichts fehlen. Zion werde ich trösten, und Jerusalem wird wieder meine auserwählte Stadt sein. Mein Wort gilt, denn ich bin der HERR, der allmächtige Gott!**
>
> Sacharja 1,16-17; Hfa

WOCHENREFLEXION

Du bist am Ende deiner Woche mit dem Heiligen Geist angekommen. Schau noch mal zurück:

- Welcher Aspekt war für dich diese Woche noch herausfordernd?
- Was war dein Aha-Moment diese Woche?
- Wie könntest du den Roots-Gedanken ganz konkret in deiner Familie, Kleingruppe oder Ortsgemeinde leben?

Unter welchen Zuspruch Gottes aus dieser Woche stellst du dich jetzt ganz bewusst?

Du hast es geschafft! Feiere diesen Moment und genieße ihn gemeinsam mit Gott. Du kannst dazu den hebräischen Worship-Song »Gadol Elohai« (auf Deutsch: »So groß ist der Herr«) anhören.

https://www.youtube.com/watch?v=sWSKtoURGAg

GRUPPENZEIT

DEINE ABENDGESTALTUNG

KICK-OFF-TREFFEN

VORBEREITUNG

Was brauchen wir heute?

- mehrere DIN-A4-Blätter
- Buntstifte & Kugelschreiber

Wenn ihr euch als Kleingruppe neu zusammengefunden habt, startet gerne einen Chat (zum Beispiel auf WhatsApp oder Telegram), um euch unter der Woche über die Themen auszutauschen, die durch das Buch angestoßen werden. Als Leiter/in kannst du deinen Kleingruppen-Teilnehmer/innen vorbereitend eine Nachricht schicken, damit sie sich schon mal im Vorhinein überlegen:

- Welche Fragen hast du zu dem Themenfeld Roots: zu den jüdischen Wurzeln, zu Israel oder zum Alten Testament?
- Was sind deine Erwartungen an die Group Experience?

Tipp: Wenn ihr euch als Gruppe noch nicht so gut kennt, könnt ihr in eurem Chat einen digitalen Steckbrief anlegen: Überlege dir als Leiter/in Kategorien, mit deren Hilfe sich die Teilnehmer/innen deiner Kleingruppe beschreiben sollen. Deiner Kreativität sind dabei keine Grenzen gesetzt. Du kannst dazu gerne die folgende Vorlage nutzen:

So alt bin ich:	Mein Lieblingstier:
Da komme ich her:	Das könnte ich jeden Tag essen:
Da bin ich jetzt:	So verbringe ich meine freie Zeit:
Das ist meine Kirche:	Dieser Fun Fact zeichnet mich aus:
So verdiene ich meine Brötchen:	Mein Bibelvers für dieses Jahr:
Meine Lieblingsfarbe:	Warum »Roots«?

EXPERIENCE: ROOTS-QUIZ [30-60 MIN.]

Die Teilnehmer/innen treten gegeneinander an und müssen zum Thema Roots verschiedene Fragen beantworten und Aufgaben lösen. Für jede Frage habt ihr 3 bis 4 Minuten Zeit; stellt gerne den Timer. Alle notieren ihre Antworten auf einem Zettel. Entweder du nutzt die Quizvorlage (QR-Code) oder du kreierst dein eigenes Roots-Quiz anhand folgender Fragen/Ideen:

- **Schätzfrage** wie zum Beispiel: »Wie viele Wörter hat die hebräische Sprache?«
- **Multiple-Choice-Frage**, bei der entweder eine oder mehrere Antworten richtig sind
- **Kreative Frage**: die Umrisse von Israel zeichnen, die israelische Flagge malen o. Ä.
- **Richtig-oder-falsch-Frage**
- **Ein Bild** von einer Skyline oder einer Sehenswürdigkeit in Israel zeigen und die Teilnehmer/innen erraten lassen, was es ist. Als Abwandlung kann man nur einen Ausschnitt des Bildes zeigen, in das Bild reinzoomen oder es unscharf machen.
- **Wer bin ich?** (Eine Person aus der Bibel beschreiben und die Gruppe muss raten, wer es ist.)
- **Ranking-Frage:** bestimmte Ereignisse der Bibel in eine Reihenfolge bringen lassen, zum Beispiel die Gegenstände im Tempel von außen nach innen
- **Eine Bibelstelle** auswählen und bestimmte Wörter daraus weglassen – die Teilnehmer/innen sollen raten, was fehlt.
- **Wer hat das gesagt?** Ein Zitat von Mose/Abraham/Jesus/David o. Ä. nehmen und erraten lassen, wer es gesagt hat (optional kann man die Frage mit »wann« und »wo« ergänzen).
- Ein **Zitat zeigen** und raten lassen, wo es gesagt wurde
- Die einzelnen Schritte der Passah-Feier nennen, die in die **richtige Reihenfolge** gebracht werden müssen
- **Eine Szene, Person o. Ä. in Emojis abbilden** und die Gruppe raten lassen

- Einen bekannten **Worship-Song auf Hebräisch** abspielen und die Teilnehmer/innen müssen die deutsche oder englische Version erraten.

Am Ende zählen alle ihre Punkte zusammen und ihr krönt einen Sieger oder eine Siegerin.

 AUSTAUSCH: ERWARTUNGEN KLÄREN [20-40 MIN.]

Tauscht euch in eurer Kleingruppe über folgende Fragen aus:

- Was sind deine »Roots«?
- Über welche Dinge definierst du dich? Woran hältst du dich fest?
- Standortbestimmung: Wo stehst du in deinem Verhältnis zu Israel auf einer Skala von –10 (Israel-Hass) bis +10 (Israel-Hype)? Wieso?
- Wie stehst du zum Alten Testament? Fällt es dir leicht, darin zu lesen? Welche Herausforderungen erlebst du dabei?
- Was wünschst du dir von der Roots Experience?

 GEBET: NEU VERWURZELT [10-20 MIN.]

Leite deine Kleingruppe im Gebet an:

- <u>Einleitung:</u> Unsere jüdischen Ursprünge werden immer wieder mit dem Bild des Baumes verdeutlicht. Lasst uns jetzt gemeinsam mit diesem Bild ins Gebet gehen und uns von Jesus neu verwurzeln lassen.
- <u>Gebet:</u> Hilf deinen Leuten, bei Gott anzukommen. Erkläre ihnen Folgendes: *»Das ist jetzt deine Zeit mit Jesus, er ist da und du darfst ihm hier begegnen. Wenn es dir hilft, schließe deine Augen und schaue mal, was Gott dir in deiner Vorstellungskraft zeigt. Ich werde uns einfach Schritt für Schritt durch diese Zeit mit Jesus durchleiten.«*

Jetzt kannst du die Teilnehmer/innen durch drei Schritte leiten, bei denen sie jeweils leise für sich oder gemeinsam laut beten und vor Gott Dinge aussprechen können:

1. Entwurzeln
»Komm jetzt bei Jesus an. Er kennt deine Wurzeln. Er weiß, woran du hängst. Diese Fragen können dir helfen: Wo glaubst du womöglich Lügen über Gott? Welche Meinungen prägen dich, wenn es um Gott oder sein Volk geht? Von welchen Wurzeln möchte Jesus dich jetzt befreien? Wo willst du Jesus um Vergebung bitten? Du kannst jetzt in Jesu Autorität diese Wurzeln ausreißen.

Erde erneuern: Jesus sieht deinen Acker. Er sieht, wo du jetzt aufgewühlt bist, wo alte Wurzeln ein Loch hinterlassen haben. Er möchte dich heilen und deinen Boden neu machen. Lass dir jetzt von Jesus zeigen, was er Neues für dich bereithält. Hör auf ihn: Welche neuen Wurzeln will er in dich hineinlegen?«

2. Neu verwurzeln
»Jesus ist bereit, seine neuen Wurzeln in deine Erde einzupflanzen. Du hast dich auch dafür bereit gemacht. Jetzt gib diesen Wurzeln Raum in deinem Herzen, indem du sie ganz konkret für dich annimmst. Das ist der erste Schritt. Wurzeln brauchen Zeit. Es ist ein Wachstumsprozess, in dem du die Wurzeln langsam immer tiefer sinken lassen darfst, indem du Gottes Wahrheiten immer mehr für dich annimmst.«

3. Segne deine Kleingruppe zum Abschluss noch.

Jetzt seid ihr bereit, Gottes Wahrheiten in euer Leben fließen zu lassen und euch durch das Roots-Buch inspirieren zu lassen!

Lest in der kommenden Woche das Kapitel 1 aus dem Roots-Buch (vgl. S. 8-12) und haltet das, was euch wichtig geworden ist, in dem Baumbild auf den ersten Seiten fest.

TREFFEN 1

SEIN WESEN – GUTER ODER BÖSER GOTT? [BIS 60 MIN.]

AUSTAUSCH [30 MIN.]

- Welches Bild hast du von Gott?
- Hast du das Gefühl, Gott verändert sich in der Bibel? Ist Gott für dich im ersten und zweiten Teil der Bibel derselbe?
- Es gibt dieses Sprichwort: »Zeige mir deine Freunde und ich sage dir, wer du bist.« Mit wem gibt Gott sich ab und was sagt das über ihn aus?

GEBET [30 MIN.]

Gib deinen Teilnehmer/innen einen Moment für sich, in dem sie sich überlegen können, wo sie ein verzerrtes Bild von Gott haben. Bringt diese Schubladen, in die ihr Gott gesteckt habt, gemeinsam vor Gott und lasst euch von ihm zusprechen, wer er wirklich ist. Hört dazu einfach auf Gott:

Welche Gedanken kommen dir? Hast du ein Bild vor Augen? Erinnerst du dich an einen Bibelvers? Hast du ein besonders starkes Gefühl (zum Beispiel Sicherheit, Liebe ...)?

NEXT STEP

Lest in der kommenden Woche das Kapitel 2 aus dem Roots-Buch und haltet das, was euch wichtig geworden ist, in dem Baumbild auf den ersten Seiten fest.

TREFFEN 2

GOTTES FREUND ABRAHAM – EIN GRUNDLEGENDER BUND [60-120 MIN.]

VORBEREITUNG

Was brauchen wir heute?

- Musikbox
- Handy mit Worship-Musik

EXPERIENCE: »MEIN BUND MIT GOTT« [30-60 MIN.]

/ Teil 1: Austausch in deiner Kleingruppe über Kapitel 2

Folgende Fragen können dir als Leiter/in für den Austausch helfen. Du kannst die Fragen auch in eure Chat-Gruppe posten.

- Was hat dich in der letzten Woche bewegt?
- Was hast du gelernt?
- Was hast du für dich persönlich mitgenommen?
- Was sind deine Learnings? (Baumbild)

/ Teil 2: Experience »Mein Bund mit Gott«

Wenn gewünscht, kannst du als Leiter/in für deine Kleingruppe leise Worship-Musik anmachen, oder jede/r hört mit Kopfhörern für sich allein Musik. Stell deinen Teilnehmer/innen folgende Fragen und gib ihnen zehn Minuten Zeit, sie für sich zu beantworten:

- Welche Versprechen oder Zusagen hat Gott mir in meinem Leben schon gemacht?

- Welche davon haben sich bereits erfüllt?
- Welche Versprechen darf ich heute mit Gott erneuern?
- Nimm dir kurz Zeit und stell Gott die Frage: »Gibt es ein Versprechen oder eine Zusage, die du mir heute zum ersten Mal machen willst?«

/ Teil 3: Gemeinsames Gebet in Zweier-Teams

Tut euch zu zweit oder zu dritt zusammen.

- Dankt Gott für schon erfüllte Versprechen, aber gerne auch prophetisch für Dinge, die sich noch nicht erfüllt haben.
- Betet neue oder erneuerte Bünde mit Gott oder Versprechen, die ihr ihm machen wollt, laut voreinander aus und segnet euch gegenseitig dafür.

 AUSTAUSCH: BEREIT FÜR NEUE BÜNDE? [20-50 MIN.]

Für den Austausch in der Kleingruppe könnt ihr gerne folgende Fragen verwenden:

- Wie geht es dir jetzt?
- Wofür bist du dankbar?
- Welchen neuen Bund hast du heute mit Gott geschlossen?
- Gibt es etwas, was dich jetzt gerade aufwühlt?

 GEBET: SCHLIESSE MIT SEGEN [10 MIN.]

Nehmt euch gemeinsam noch Zeit für eine Gebetszeit. Zum Abschluss kannst du als Leiter/in deine Teilnehmer/innen noch folgenden Bibelvers zusprechen:

> **Und wir wissen, dass für die, die Gott lieben und nach seinem Willen zu ihm gehören, alles zum Guten führt.**
>
> Römer 8,28; NLB

NEXT STEP

Lest in der kommenden Woche das Kapitel 3 aus dem Roots-Buch und haltet das, was euch wichtig geworden ist, in dem Baumbild auf den ersten Seiten fest.

TREFFEN 3

SCHUTZ ODER SCHIKANE? – EIN HERAUSFORDERNDER BUND [BIS 60 MIN.]

AUSTAUSCH [30 MIN.]

Was ist dir beim Lesen von Kapitel 3 bewusst geworden (evtl. siehe Baumbild)?

- Wie siehst du Gottes Gebote jetzt? Wo stehst du auf der Spielwiese?
- Hat Gott dein Herz verändert? Wenn ja, wie?

GEBET [10-30 MIN.]

Werdet ruhig vor Gott und kommt in seiner Gegenwart an. Du als Leiter/in kannst zu Beginn ein kurzes Gebet sprechen. Anschließend hört jede/r für sich, was Gott ihm/ihr zum Thema Gebote noch mitgeben möchte – vielleicht eine Zusage, ein Bild oder einen Bibelvers, der hilft, die Dinge noch besser zu verstehen. Seid offen und hört einfach hin, was Gott für euch bereithält.

NEXT STEP

Lest in der kommenden Woche das Kapitel 4 aus dem Roots-Buch und haltet das, was euch wichtig geworden ist, in dem Baumbild auf den ersten Seiten fest.

TREFFEN 4

DIE RETTUNG – EIN BUND, DER DICH VERSORGT [60-120 MIN.]

VORBEREITUNG

Was brauchen wir heute?

- Musikbox
- Handy mit Worship-Musik
- Brot und Traubensaft/Wein für gemeinsames Abendmahl

 EXPERIENCE: »JESUS-SPIEGEL« [30-60 MIN.]

/ Teil 1: Austausch in deiner Kleingruppe über Kapitel 4

Folgende Fragen können dir für den Austausch helfen:

- Was hat dich in der letzten Woche bewegt?
- Was hat dich aufgewühlt/verärgert?
- Was hast du für dich mitgenommen?
- Was sind deine Learnings? (Siehe Baumbild.)

/ Teil 2: Experience »Jesus-Spiegel«

Führe deine Teilnehmer/innen in eine zehnminütige Zeit, in der sie mit den Zehn Geboten in den »Jesus-Spiegel« schauen. Dies kannst du zum Beispiel tun, indem du die folgende Aufgabe kurz erklärst und dann zu Beginn betest. Diese Übung ist angelehnt an Jakobus 1,23 (Hfa): »Wer Gottes Botschaft nur hört, sie aber nicht in die Tat umsetzt, dem geht es wie einem Mann, der in den Spiegel schaut.«

Du kannst während der Zeit leise Worship-Musik abspielen. Jeder macht es sich bequem und liest die unten stehende Bibelstelle mit den Zehn Geboten für sich durch.

Stell deiner Kleingruppe dann folgende Fragen zu den Zehn Geboten, über die jede/r mit Gott ins Gespräch gehen kann:

- Wenn du dir die Zehn Gebote anschaust, welche Gefühle kommen dann in dir hoch?
- Gibt es Dinge, bei denen du im Moment an Gottes Ziel vorbeilebst (Sünde)?

Notiere die Antworten.

DIE ZEHN GEBOTE

1 / Ich bin der HERR, dein Gott; ich habe dich aus der Sklaverei in Ägypten befreit. Du sollst außer mir keine anderen Götter verehren! Fertige dir keine Götzenstatue an, auch kein Abbild von irgendetwas am Himmel, auf der Erde oder im Meer. Wirf dich nicht vor solchen Götterfiguren nieder, bring ihnen keine Opfer dar! Denn ich bin der HERR, dein Gott. Ich dulde keinen neben mir! Wer mich verachtet, den werde ich bestrafen. Sogar seine Kinder, Enkel und Urenkel werden die Folgen spüren! Doch denen, die mich lieben und sich an meine Gebote halten, bin ich gnädig. Sie und ihre Nachkommen werden meine Liebe über Tausende von Generationen erfahren.

2 / Du sollst meinen Namen nicht missbrauchen, denn ich bin der HERR, dein Gott! Ich lasse keinen ungestraft, der das tut!

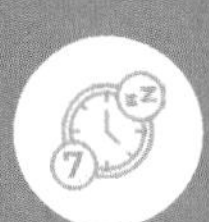

3 / Denke an den Sabbat als einen Tag, der mir allein geweiht ist! Sechs Tage sollst du deine Arbeit verrichten, aber der siebte Tag ist ein Ruhetag, der mir, dem HERRN, deinem Gott, gehört. An diesem Tag sollst du nicht arbeiten, weder du noch deine Kinder, weder dein Knecht noch deine Magd, auch nicht deine Tiere oder der Fremde, der bei dir lebt. Denn in sechs Tagen habe ich, der HERR, den Himmel, die Erde und das Meer geschaffen und alles, was lebt. Aber am siebten Tag ruhte ich. Darum habe ich den Sabbat gesegnet und für heilig erklärt.

4 / Ehre deinen Vater und deine Mutter, dann wirst du lange in dem Land leben, das ich, der HERR, dein Gott, dir gebe.

5 / Du sollst nicht töten!

6 / Du sollst nicht die Ehe brechen!

7 / Du sollst nicht stehlen!

8 / Sag nichts Unwahres über deinen Mitmenschen!

9 / Du sollst nicht begehren, was deinem Mitmenschen gehört: weder sein Haus ...

10 / ... noch seine Frau, seinen Knecht oder seine Magd, Rinder oder Esel oder irgendetwas anderes, was ihm gehört.

2. Mose 20,1-17; Hfa

/ Teil 3: Gemeinsames Gebet in Zweier-Teams – »Großputz mit Jesus«

Leite deine Teilnehmer/innen an: Welche zwei bis drei Themen hat Gott bei dir aufgedeckt? Räume dein Lebenshaus gemeinsam mit Jesus auf und bringe die Zielverfehlungen an sein Kreuz. Er möchte uns in die Freiheit führen, damit wir leben!

»Ich bringe meine Verfehlung ______________________________ an Jesu Kreuz und bitte um Vergebung. Ich tausche ____________ ______________________ ein und nehme von Jesus (was holst du dir konkret ab?) ________________________________ *an.«*

AUSTAUSCH: ALLES AUFGERÄUMT? [10-40 MIN.]

Kommt nach der Experience wieder zusammen und tauscht euch über das Erlebte aus. Nutzt dazu gerne diese Fragen:

- Was hast du erlebt?
- Wie ist Gott dir begegnet?
- Was hat dein Herz bewegt?

ABENDMAHL & SEGEN: MIT JESUS AN EINEM TISCH [20 MIN.]

Als Jesus kurz vor seinem Tod mit seinen Jüngern versammelt war, um die Passah-Feier zu feiern, führte er das Abendmahl ein, als neuen Bund zwischen Gott und seinem Volk. An der Passah-Feier gedenken die Juden des Auszugs und ihrer Rettung aus Ägypten. Jeder Kelch mit Wein im Rahmen dieser Feier (insgesamt fünf) erinnert an eins der Versprechen Gottes, die er seinem Volk gegeben hat, als er sich ihm in Ägypten vorgestellt hat:

> **Darum sage den Kindern Israels: Ich bin der HERR, und ich will euch aus den Lasten Ägyptens herausführen (1. Kelch) und will euch aus ihrer Knechtschaft erretten (2. Kelch) und will euch erlösen (3. Kelch) durch einen ausgestreckten Arm und durch große Gerichte. Und ich will euch als mein Volk annehmen (4. Kelch) und will euer Gott sein; und ihr sollt erkennen, dass ich, der HERR, euer Gott bin, der euch aus den Lasten Ägyptens herausführt. Und ich will euch in das Land bringen (5. Kelch), um dessentwillen ich meine Hand [zum Schwur] erhoben habe, dass ich es Abraham, Isaak und Jakob gebe. Das will ich euch zum Besitz geben, ich, der HERR.**
>
> 2. Mose 6,6-8; SLT (Einfügungen von Autoren)

Gemeinsames Abendmahl:

> **Als sie nun aßen, nahm Jesus das Brot und sprach den Segen, brach es, gab es den Jüngern und sprach: Nehmt, esst! Das ist mein Leib. Und er nahm den Kelch (Jesus nahm hier den 3. Kelch = Jesus ist der ausgestreckte Arm Gottes und unser Erlöser) und dankte, gab ihnen denselben und sprach: Trinkt alle daraus! Denn das ist mein Blut, das des neuen Bundes, das für viele vergossen wird zur Vergebung der Sünden. Ich sage euch aber: Ich werde**

von jetzt an von diesem Gewächs des Weinstocks nicht mehr trinken bis zu jenem Tag, da ich es neu mit euch trinken werde im Reich meines Vaters.

Matthäus 26,26-29; SLT (Einfügungen von Autoren)

Nehmt euch zum Abschluss des Abendmals noch Zeit für eine kleine Gebetsgemeinschaft. Dankt Jesus für das, was er am Kreuz für euch getan hat. Als Leiter/in kannst du deine Teilnehmer/innen noch mit folgendem Bibelvers segnen, der den Segen des Neuen Bundes beschreibt:

»Doch dies ist der neue Bund, den ich an jenem Tage mit dem Volk Israel schließen werde«, spricht der Herr. »Ich werde ihr Denken mit meinem Gesetz füllen, und ich werde es in ihr Herz schreiben. Und ich werde ihr Gott sein und sie werden mein Volk sein.«

Jeremia 31,33; NLB

NEXT STEP

Lest in der kommenden Woche das Kapitel 5 aus dem Roots-Buch und haltet das, was euch wichtig geworden ist, in dem Baumbild auf den ersten Seiten fest.

WELCOME BACK – EIN BUND, DER ORIENTIERUNG GIBT [BIS 60 MIN.]

AUSTAUSCH [30 MIN.]

- Was ist dir beim Lesen von Kapitel 5 bewusst geworden (evtl. siehe Baumbild)?

- Was für Gefühle kommen jetzt (am Ende der Woche) in dir hoch, wenn du an das Wiederkommen Jesu denkst, im Vergleich zum Anfang der Woche?
- Gibt es etwas an deinem Lifestyle, das du ändern möchtest oder bereits verändert hast im Hinblick auf das Wiederkommen von Jesus?

GEBET [30 MIN.]

Jede/r nimmt sich ein paar Minuten allein mit Gott und geht mit ihm ins Gespräch darüber, welcher Lebensbereich schon länger nicht mehr aufgeräumt wurde oder ob es einen Bereich gibt, der noch gar nicht an Jesus abgegeben wurde. Kommt danach wieder als Gruppe zusammen und geht den ersten Schritt gemeinsam auf Jesus zu. Jeder, der möchte, übergibt den betreffenden Lebensbereich an Gott und wird anschließend von allen anderen gesegnet.

NEXT STEP

Lest in der kommenden Woche das Kapitel 6 aus dem Roots-Buch und haltet das, was euch wichtig geworden ist, in dem Baumbild auf den ersten Seiten fest.

TREFFEN 6

ABRAHAM, MOSE, JESUS – ALLE WAREN JUDEN! [60-120 MIN.]

VORBEREITUNG:

Was brauche wir heute?

- Musikbox
- Handy mit Worship-Musik

EXPERIENCE: THRONSAAL [30-60 MIN.]

/ Teil 1: Austausch in deiner Kleingruppe über Kapitel 6

Folgende Fragen können dir für den Austausch helfen.

- Was hat dich in der letzten Woche bewegt?
- Was hat dich aufgewühlt/verärgert?
- Was hast du für dich mitgenommen?
- Was sind deine Learnings? (Siehe Baumbild.)

/ Teil 2: Experience »Thronsaal«

Spiele leise Worship-Musik ab (zum Beispiel Kim Walker-Smith: Throne Room). Alle machen es sich gemütlich. Lade deine Teilnehmer/innen ein, die Augen zu schließen und Gott, ihrem König, im Thronsaal zu begegnen. Nimm die Gruppe dazu im Gebet an die Hand, zum Beispiel indem du sagst: *»Gott hat uns unsere Vorstellungskraft geschenkt, deshalb dürfen wir sie aktiv benutzen, um geistliche Realitäten wahrzunehmen. Wenn ich jetzt die Bibelstelle vorlese, lass die Worte vor deinem inneren Auge lebendig werden.«*

Dann lies Offenbarung 4,1-11 (Hfa) vor:

> **Danach, als ich aufblickte, sah ich am Himmel eine offene Tür. Dieselbe Stimme, die schon vorher zu mir gesprochen hatte, gewaltig wie der Schall einer Posaune, sagte: »Komm herauf! Ich will dir zeigen, was in Zukunft geschehen muss.« Sofort ergriff mich Gottes Geist, und dann sah ich: Im Himmel stand ein Thron, auf dem jemand saß. Die Gestalt leuchtete wie ein Edelstein, wie ein Jaspis oder Karneol. Und um den Thron strahlte ein Regenbogen, schimmernd wie lauter Smaragde. Dieser Thron war von vierundzwanzig anderen Thronen umgeben, auf denen vierundzwanzig Älteste saßen. Sie trugen weiße Gewänder und auf dem Kopf goldene Kronen. Blitze, Donner und gewaltige Stimmen gingen von dem Thron aus. Davor brannten sieben Fackeln: Das sind die sieben Geister Gottes. Gleich vor dem Thron war so etwas wie ein Meer, durchsichtig wie Glas, klar wie Kristall. Unmittelbar um den Thron herum standen vier mächtige Lebewesen, die überall mit Augen bedeckt waren.**

Die erste dieser Gestalten sah aus wie ein Löwe, die zweite glich einem Stier; die dritte hatte ein Gesicht wie ein Mensch, und die vierte glich einem fliegenden Adler. Jede dieser Gestalten hatte sechs Flügel. Auch die Flügel waren innen und außen voller Augen. Unermüdlich, Tag und Nacht, rufen sie: »Heilig, heilig, heilig ist der Herr, der allmächtige Gott, der schon immer war, der heute da ist und der kommen wird!« Diese vier Lebewesen loben und preisen den, der vor ihnen auf dem Thron sitzt und immer und ewig leben wird. Und jedes Mal fallen die vierundzwanzig Ältesten dabei vor ihm nieder und beten den an, dem alle Macht gegeben ist und der ewig lebt. Sie legen ihre Kronen vor seinem Thron nieder und rufen: »Dich, unseren Herrn und Gott, beten wir an. Du allein bist würdig, Ehre und Ruhm zu empfangen und für deine Macht gepriesen zu werden. Denn du hast alles erschaffen. Nach deinem Willen entstand die Welt und alles, was auf ihr lebt.«

Bleibt nun weiter im Gebet. Leite die Teilnehmer/innen deiner Kleingruppe an, ihren König Jesus zu fragen, welchen Lebensbereich sie ihm heute ganz neu hingeben möchten, mit der Frage: *»Wo verwehrst du Jesus den Thron?«* Dann gib den Raum dafür, dass alle, die möchten, nacheinander in eure Mitte kommen können (bildlich gesprochen), wo ihr zwei Dinge tun könnt:

- Die Person in der Mitte spricht ihre Entscheidung, einen bestimmten Lebensbereich Jesus hinzulegen, laut aus.
- Dann segnet ihr sie mit allen Eindrücken, die Gott euch gibt. Ein kleiner Tipp: Wenn alle einverstanden sind, könnt ihr die Eindrücke per Handy aufnehmen, damit ihr sie nachher mitnehmen könnt.

AUSTAUSCH: GESCHICHTEN AUS DEM THRONSAAL [20-50 MIN.]

Hole deine Teilnehmer/innen aus der Experience ab. Tauscht euch aus. Ihr könnt bei Bedarf folgende Fragen dafür nutzen:

- Wie hast du Jesus gerade erlebt?
- Wo ist er dir als König begegnet?
- Wie möchtest du in dem Lebensbereich, den du Jesus hingegeben hast, einen nächsten Schritt gehen?

 **SEGEN: AUSGERÜSTET IN DIE NEUE WOCHE** [10 MIN.]

Du kannst zum Schluss folgenden Segen (angelehnt an Psalm 91) über euch als Kleingruppe aussprechen:

Ich segne dich mit der Zusage: Du darfst unter dem Schutz des Höchsten wohnen, du kannst bei ihm, dem Allmächtigen, Ruhe finden. HERR, du schenkst uns Zuflucht wie eine sichere Burg! Gott, dir gehört unser ganzes Vertrauen! Du bewahrst uns vor versteckten Gefahren und hältst jede tödliche Krankheit von uns fern.

Wie ein Vogel seine Flügel über die Jungen ausbreitet, so wird Gott auch dich stets behüten und dir nahe sein. Seine Treue umgibt dich wie ein starker Schild. Du brauchst keine Angst zu haben vor den Gefahren der Nacht oder den heimtückischen Angriffen bei Tag. Selbst wenn die Pest im Dunkeln zuschlägt und am hellen Tag das Fieber wütet, musst du dich doch nicht fürchten. Wenn tausend neben dir tot umfallen, ja, wenn zehntausend um dich herum sterben – dich selbst trifft es nicht! Du darfst sagen: »Beim HERRN bin ich geborgen!«

Ja, bei Gott, dem Höchsten, hast du Heimat gefunden. Darum wird dir nichts Böses zustoßen, kein Unglück wird dein Haus erreichen. Denn Gott wird dir seine Engel schicken, um dich zu beschützen, wohin du auch gehst. Sie werden dich auf Händen tragen, und du wirst dich nicht einmal an einem Stein stoßen! Löwen werden dir nichts anhaben, auf Schlangen trittst du ohne Gefahr. Gott sagt zu dir: Ich werde dich schützen, weil du mich kennst und ehrst. Wenn du zu mir rufst, erhöre ich dich. Wenn du keinen Ausweg mehr weißt, bin ich bei dir. Ich will dich befreien und zu Ehren bringen. Ich lasse dich meine Rettung erfahren und gebe dir ein langes und erfülltes Leben!

 **NEXT STEP**

Lest in der kommenden Woche das Kapitel 7 aus dem Roots-Buch und haltet das, was euch wichtig geworden ist, in dem Baumbild auf den ersten Seiten fest.

TREFFEN 7

DAS HEILIGE ISRAEL – BEDEUTUNG FÜR DEIN & MEIN LEBEN [BIS 60 MIN.]

AUSTAUSCH [30 MIN.]

- Was ist dir beim Lesen von Kapitel 7 bewusst geworden (siehe Baumbild)?
- Wie ist jetzt deine Sicht auf Israel? Was hat sich verändert?
- Tauscht euch darüber aus: Wo hat Gott in deinem Leben schon mal deine Fehltritte zum Guten genutzt? Wo hast du vielleicht auch auf schmerzhaftem Weg etwas lernen müssen?

GEBET [30 MIN.]

Kommt zu einer Gebetsrunde zusammen und dankt Gott für alles, was er in eurem Leben tut. Dankt ihm für die Bereiche, an denen er gerade arbeitet, für die Dinge, über die ihr euch in der letzten Zeit so richtig gefreut habt, für die Momente, in denen er eure Fehltritte zu etwas Gutem genutzt hat und dankt ihm für alles andere, was euch noch so auf dem Herzen liegt.

NEXT STEP

Lest in der kommenden Woche das Kapitel 8 aus dem »Roots«-Buch und haltet das, was euch wichtig geworden ist, in dem Baumbild auf den ersten Seiten fest.

TREFFEN 8

JUDEN & CHRISTEN – GESCHWISTER MIT ZUKUNFT? [60-120 MIN.]

VORBEREITUNG:

Was brauchen wir heute?

- Musikbox
- Handy mit Worship-Musik

EXPERIENCE: WO STEHE ICH GERADE? [30-60 MIN.]

/ Teil 1: Austausch in deiner Kleingruppe über Kapitel 8

Folgende Fragen können dir für den Austausch helfen.

- Was hat dich in der letzten Woche bewegt?
- Was hat dich aufgewühlt/verärgert?
- Was hast du für dich mitgenommen?
- Was sind deine Learnings? (Siehe Baumbild.)

/ Teil 2: Experience »Reflexion mit Gott«

Startet kurz mit einem Gebet. Alle reflektieren dabei mit Gott im Rückblick auf das Kick-off-Treffen:

- Wo stehst du heute in deinem Verhältnis zu Israel auf einer Skala von –10 (Israelhass) bis +10 (Israelhype)? Wieso?
- Was möchtest du jetzt noch ausräumen, um noch näher an Gottes Herz für Israel ranzukommen?
- Was hat sich für dich durch die Roots-Reise verändert?

/ Teil 3: Gebet für Israel

Genauso wie ihr vermutlich für eure Familie, eure Freunde oder andere Menschen, die euch in eurem Leben wichtig sind, betet, wünscht Jesus sich, dass wir für unsere geistlichen Geschwister beten. Damit meint er auch die Juden. Jetzt könnt ihr gemeinsam für Israel beten.

Als Leiter/in kannst du diese Gebetszeit einleiten, indem du die folgenden Bibelstellen laut vorliest. Anschließend könnt ihr in eine offene Gebetsrunde für Israel übergehen und alle, die möchten, können für Israel beten.

> **So gewiss diese festen Ordnungen in der Natur bestehen, genauso gewiss sorge ich dafür, dass die Nachkommen Israels für alle Zeit mein Volk sein werden.**
>
> Jeremia 31,36; NLB

> **Jerusalem, ich habe Wächter auf deine Mauern gestellt, die den HERRN Tag und Nacht an sein Versprechen erinnern sollen. Ihr Wächter, hört nicht auf zu beten – nicht einen Augenblick –, gönnt euch keine Ruhe! Lasst auch Gott keine Ruhe, bis er Jerusalem wieder aufgebaut hat und die Stadt auf der ganzen Erde bewundert wird.**
>
> Jesaja 62,6-7; Hfa

Tauscht euch über die folgenden Fragen aus:

- Wo durftest du neu deine Wurzeln und damit deine Glaubensgroßfamilie kennenlernen?
- Wie geht es dir mit dem Gedanken an diese große Glaubensfamilie?
- Welchen Next Step möchtest du gehen?

SEGEN: EIN TEIL DER GROSSEN FAMILIE [10 MIN.]

Zum Abschluss des Treffens kannst du als Leiter/in die Leute noch segnen, zum Beispiel mit dem nachfolgenden Gebet. Du kannst deine Gruppe aber auch in deinen eigenen Worten und den Bibelversen segnen oder auch einfach ganz frei einen Segen sprechen.

»Ich segne dich in Jesu Namen mit der Wahrheit aus Galater 3,28-29, dass wir alle, Juden und Christen, Teil der gleichen großen, göttlichen Familie sind: ›Jetzt ist es nicht mehr wichtig, ob ihr Juden oder Griechen, Sklaven oder Freie, Männer oder Frauen seid: In Jesus Christus seid ihr alle eins. Gehört ihr aber zu Christus, dann seid auch ihr Nachkommen von Abraham. Als seine Erben bekommt ihr alles, was Gott ihm zugesagt hat‹ (Galater 3,28-29; Hfa).«

»Ich segne dich mit Johannes 10,14-16, wo Jesus sagt: ›Ich bin der gute Hirte; ich kenne meine Schafe und sie kennen mich, so wie mein Vater mich kennt und ich den Vater. Ich gebe mein Leben für die Schafe. Ich habe auch noch andere Schafe, die nicht in diesem Pferch sind. Auch sie muss ich herführen, und sie werden auf meine Stimme hören; und alle werden eine Herde mit einem Hirten sein‹ (Johannes 10,14-16; NLB). Danke, Jesus, dass du uns in deine Herde aufgenommen hast und dass du unser Hirte bist. Amen!«

NEXT STEP

Lest in der kommenden Woche das Kapitel 9 aus dem Roots-Buch und haltet das, was euch wichtig geworden ist, in dem Baumbild auf den ersten Seiten fest.

TREFFEN 9

EIN IMMERGRÜNER BAUM – SEI EIN SEGEN FÜR ANDERE! [BIS 60 MIN.]

AUSTAUSCH [30 MIN.]

- Was ist dir beim Lesen von Kapitel 9 bewusst geworden? Schau dazu gerne in dein Baumbild.
- Das Kapitel hat viele Möglichkeiten angesprochen, für Israel aktiv zu werden. Zum Beispiel: Einheit leben und fördern, Spenden nach Israel, einen Israelbesuch und/oder den Aufbau einer Israelarbeit in deiner lokalen Kirche. Oft gehen die Meinungen dabei auseinander. Deswegen die Frage: Bei welcher dieser Ideen sträubt sich dein Herz am meisten? Wieso?
- Egal, wo genau du stehst: Hast du schon eine Idee, wie du ab sofort konkrete Schritte auf Israel zugehen möchtest?

GEBET [15 MIN.]

Nehmt eure Ideen mit in eine Gebetszeit, wo jede/r für sich noch mal vor Gott still wird. Ihr könnt dazu leise Worship-Musik im Hintergrund abspielen. Bringt nach einer Zeit der Stille eure Ideen vor Gott und fragt ihn, welche weiteren Ideen er hat und wie ihr konkret vorangehen sollt. Haltet das, was Gott euch zuspricht, für euch fest. Teilt eure nächsten Schritte miteinander.

NEXT STEP [15 MIN.]

Jetzt plant euer Abschlusstreffen – das Passah-Fest.

- Wer kauft das Essen und die Materialien ein?
- Wer bereitet die Hauptspeise zu?

- Wer macht die einzelnen Elemente der Experience servierfertig?
- Wer leitet inhaltlich durch den Abend und schaut sich vorbereitend den Ablauf und das Video schon einmal an?

Hinweis zum Essen: Bereitet das Essen so vor, dass ihr es für ca. 20 Minuten warm halten könnt. Alle Materialien zum Passah-Fest findet ihr hier:

Passah-Fest – Video:
https://www.youtube.com/watch?v=1sbmDlZKJzM&t=873s

Passah-Fest – Einkaufsliste, Vorbereitung, Rezepte und Ablauf: https://bit.ly/3uQMqC1 (PDF)

Passah-Fest mit kleineren Kindern (3-10 Jahre) feiern:
https://bit.ly/2R3WdGe (PDF)

TREFFEN 10: PASSAH-FEST

Lasst es euch zum Abschluss noch einmal gut gehen bei einem genialen Abend, wenn ihr nun gemeinsam das Passah-Fest feiert. Ihr könnt zu dem Abend auch gerne eure Freunde, Partner, Partnerinnen und Kinder einladen.

Das Passah-Fest wird von Juden traditionell im April gefeiert. Doch die Bedeutung ist – ähnlich wie beim Abendmahl – immer gültig. Außerdem enthält das hier beschriebene Passah-Fest zwar viele klassisch-jüdische Elemente, ist dennoch aber eine christliche Version des Festes. Deshalb dürft ihr dieses Fest als Kleingruppe ohne schlechtes Gewissen zu jeder Jahreszeit feiern, weil es nicht um einen Zeitpunkt, sondern um den Inhalt, nämlich Gott als Erlöser, geht.

Alle Materialien habt ihr ja bereits und auch die Aufgaben sind verteilt. Hier noch ein paar wichtige Hinweise zum Ablauf:

- Die Sederplatte wird erst im zweiten Teil des Videos benutzt, also nicht vorher vernaschen.
- Füllt auf jeden Fall vor dem Video schon die Kelche, weil im ersten Teil bereits daraus getrunken wird.
- Wenn ihr die Fragen aus dem Video beantwortet habt, nutzt die restliche Essenszeit gerne auch, um noch mal gemeinsam die Zeit mit dem »Roots«-Buch zu reflektieren.

Hier eine Orientierung für euren Ablauf:

1. Essen und Sederplatte vorbereiten und Tisch eindecken [ca. 3 Stunden]
2. Video Teil I schauen und mitmachen (bis Minute 18:41), dann pausieren [20 Minuten]
3. Essen und Austausch zu den Fragen im Video [ca. 1-2 Stunden]
4. Essen abräumen und Sederplatte ins Zentrum des Tisches stellen [ca. 5 Minuten]
5. Video Teil II schauen und bei Elementen mitmachen [25 Minuten]
6. Abend gemeinsam ausklingen lassen und restlichen Fruchtmus als Nachtisch essen [offenes Ende]

WRAP IT UP

Aufregende Wochen voller neuer Eindrücke und Erfahrungen zum Thema »Roots« liegen hinter euch. Danke, dass ihr euch auf dieses Abenteuer eingelassen habt. Nehmt euch ein bisschen Zeit und lasst alles, was ihr gelesen, besprochen und erlebt habt, einmal Revue passieren.

Die nachfolgenden Fragen können euch dabei helfen:

- Was sind deine Highlights aus der Zeit?
- Ist dir etwas besonders wichtig geworden? Wenn ja, was?
- Wie kannst du das, was dir wichtig geworden ist, ganz konkret in deinen Alltag einfließen lassen?

Lasst das Thema jeder für sich ein bisschen sacken. Ihr könnt als Kleingruppe auch schon einen Follow-up-Termin ausmachen, wann ihr euch das nächste Mal dazu austauschen wollt. Vielleicht probiert ihr ein anderes der jüdischen Feste gemeinsam aus? Überlegt, was für euch als Gruppe dran ist, um an euren Roots, euren Wurzeln, dranzubleiben.

Schalom!

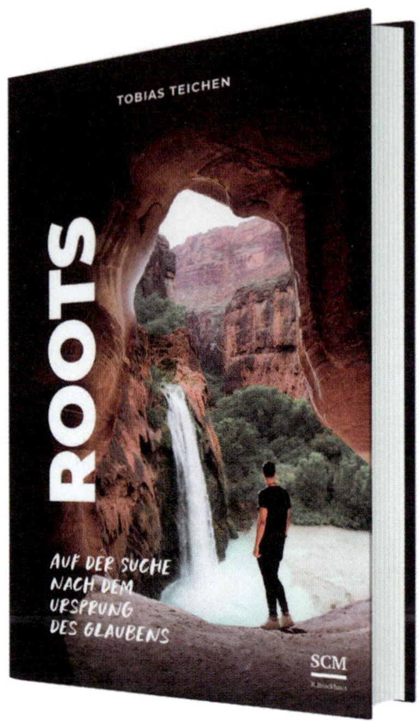

Tobias Teichen

ROOTS
Auf der Suche nach dem Ursprung des Glaubens

Tote Hose im Alten Testament? Viele Christen können mit dem ersten Teil der christlichen Bibel wenig anfangen. Zu viele Stammbäume, blutige Geschichten und langatmige prophetische Reden. Doch Tobias Teichen zeigt: Das Alte Testament ist der spannende Boden, in dem unser christlicher Glaube seine Wurzeln hat. Hier beginnt die leidenschaftliche Liebe Gottes und sein Plan für uns Menschen. Hier werden die Grundlagen für ein gutes, fruchtbares Miteinander gelegt. Sein bewährtes Buch beleuchtet durch die Beziehung zu Jesus das Alte Testament und geht den Ursachen und Grundlagen unseres christlichen Glaubens nach.

Klappenbroschur, 13,5 x 21,5 cm, 288 Seiten
Nr. 227.000.040, ISBN 978-3-417-00040-5

e